"中国革命传统云南故事干部教育读本"丛书编委会

主　　任：赵　金
副 主 任：罗　杰　宣宇才　杨润海　江苏红军
　　　　　马　琳　李　宏　杨兴荣
委　　员：宁德锦　龙　怒　彭小柏　刘　瑜　李　金
　　　　　陈　东　范路山　李　曙　郭丽梅　李红英
　　　　　刘　季　陈祖英　余冰释　邓志刚

《闻一多舍生取义》编委会

主　　任：饶　卫　蒋永文
副 主 任：李　宏　张　玮
组织编写：西南联大博物馆　西南联大研究所
主　　编：李红英　余冰释
副 主 编：朱　俊　龙美光　张　沁
撰　　稿：李红英　余冰释　朱　俊　龙美光　张　沁
　　　　　铁发宪　祝　牧　李　娅　王　欢　冯　颖
　　　　　敖霜烨　王　齐　李　佳

中国革命传统云南故事干部教育读本

闻一多舍生取义

中共云南省委宣传部 ◎ 编

云南人民出版社

云南美术出版社

图书在版编目（CIP）数据

闻一多舍生取义 / 中共云南省委宣传部编. -- 昆明：云南人民出版社：云南美术出版社，2022.1
（中国革命传统云南故事干部教育读本）
ISBN 978-7-222-20158-3

Ⅰ. ①闻… Ⅱ. ①中… Ⅲ. ①闻一多（1899-1946）—生平事迹 Ⅳ. ①K825.6

中国版本图书馆CIP数据核字(2021)第120409号

出 品 人：	赵石定
出版统筹：	尚 语　马维聪
责任编辑：	陶汝昌　杨仲淑
助理编辑：	欧 燕
装帧设计：	马 滨
责任校对：	李 红　董郎文清　崔同占
责任印制：	李寒东

闻一多舍生取义
WEN YIDUO SHESHENG-QUYI

中共云南省委宣传部◎编
李红英　余冰释◎主编

出　　版	云南人民出版社　云南美术出版社
发　　行	云南人民出版社
社　　址	昆明市环城西路609号
邮　　编	650034
网　　址	www.ynpph.com.cn
E-mail	ynrms@sina.com
开　　本	720mm×1010mm　1/16
印　　张	11.5
字　　数	160千
版　　次	2022年1月第1版第1次印刷
印　　刷	云南宏乾印刷有限公司
书　　号	ISBN 978-7-222-20158-3
定　　价	68.00元

云南人民出版社微信公众号

如需购买图书、反馈意见，请与我社联系
总编室：0871-64109126　发行部：0871-64108507　审校部：0871-64164626　印制部：0871-64191534

版权所有　侵权必究　印装差错　负责调换

前　言

闻一多，作为一名诗人、学者、民主斗士，他慷慨激昂的《最后一次讲演》《红烛》《七子之歌》等作品被广为传颂。虽然闻一多的生命定格在了47岁，但他爱国为民、勇担道义的精神，永远值得我们继承和发扬。

1912年的冬天，少年闻一多从湖北浠水巴河小镇考入清华学校，自此开始活跃在清华园。他兴趣广泛，参加辩论演说，热衷戏剧编演，偏好美术创作，各种才华得到了充分展示和发展。五四运动爆发后，青年闻一多"好任事"，挥笔《满江红》，埋头撰通电、写宣言、制标语，得到了前所未有的锻炼，爱国、民主的精神深深镌刻在他的骨子里。受"五四"影响，闻一多在毕业之际，毅然参加"六三惨案"引发的抗议而罢考。

1922年夏天，闻一多赴美国留学，先后在芝加哥美术学院、科罗拉多大学艺术系、纽约艺术学院等院校学习美术。沐浴着欧风美雨，置身于东西方文化的碰撞，激起了他对祖国的无限思念和热爱，更加坚定了从事中国传统文化研究的志向。比起美术学习，他在诗歌创作中更是大有收获，留下了《太阳吟》《红烛》《我是中国人》《七子之歌》等广为传颂的作品。在诗歌中，闻一多毫不掩饰地大声歌咏对祖国的爱。正如他所说的，"诗人的主要天赋是爱，爱他的祖国，爱他的人民"。

1925年6月，闻一多提前结束了在美国的留学生活，回到了朝思暮想的祖国。回国后，他先后辗转于北平艺专、武汉大学、青岛大学几所学校，屡屡碰壁，直至1932年回到清华园，专心从事中国古代文学研究。

抗战爆发后，北大、清华、南开先合组为长沙临时大学，后奉令迁往云南昆明，改称为国立西南联合大学。随着局势的恶化，闻一多将满腔的爱国热忱投入教育教学中；尤其是随湘黔滇旅行团横跨湖南、贵州、云南三省，进一步加深了他对祖国大好河山的热爱，对底层百姓的了解和同情，进一步发现了人民的力量和人民的伟大。他满怀着教育救国的信念，埋首书斋，试图去履行一个知识分子的救国担当。

由于国民党当局腐败、无能，国家惨遭蹂躏，经济溃败，民不聊生。面对如此局面，闻一多同其他知识分子一样，也在艰难的生活中陷入迷茫和苦闷。在中国共产党的引导和进步青年的影响下，他的思想急剧转变，从而走出故纸堆，开始思考政治问题。此后，他加入中国民主同盟（以下简称"民盟"），支持共产党，积极参加民主运动，不断打破"可怕的冷静"。"一二·一"运动爆发后，闻一多控诉"一二·一"惨案，在运动中坚决站在爱国学生一边，鼓舞学生要敢于斗争，指导学生投入斗争，成为大后方民主运动的一面旗帜，最终为争取民主献出了宝贵的生命。

有人说，闻一多是"善变"的。究其一生，他的"变"正是他政治思想不断探索、不断进步的表现。但他坚持国家至上、人民至上的信念，维护人民的价值和尊严，永葆爱国主义的情怀是"不变"的。在闻一多由画家而诗人、由学者而斗士的人生里程的不同阶段，爱祖国、爱人民的主线自始至终贯穿其中。作为20世纪中国先进知识分子的代表，闻一多的进步轨迹，就是"五四"以来爱国知识分子为争取民族独立和国家富强、实现中华民族伟大复兴而不懈奋斗的典范。

目 录

吕端大事不糊涂 /1
童年岁月 /1
活跃在清华园 /3
投身"五四"洪流之中 /9
毅然参加"同情罢考" /13

向内发展的路 /17
认准新诗的方向 /18
"我是中国人" /21
不如让给丑恶来开垦 /32
苦闷的日子 /37
重返清华园 /42

该认识认识祖国了 /46
抗战初期的触动 /46
湘黔滇旅行团 /50
蒙自百日 /58
战时昆明的生活 /61
挂牌治印 /69
青年的师友 /74

"何妨一下楼主人"下楼来 /83
从今以后，我不打算有清闲日子了 /83
时代的鼓手 /86
向圈子外喊去 /90
"现在只有一条出路，就是革命！" /94
拥护共产党 /98
我想到延安看看 /102

走向民主运动的中心 /106
加入民盟 /106
保卫大西南 /109
发扬护国精神 /112
"五四"大检阅 /115
在"一二·一"运动中 /120

最后的吼声 /130
留在是非之地继续斗争 /130
乌云压城 /136
"黑名单" /141
李公朴之死 /145
最后一次讲演 /151
我以我血荐轩辕 /155
斗士永生 /160

结语：红烛光辉 /168

参考文献 /172

后　　记 /175

吕端大事不糊涂

1899年，闻一多出生在一个书香家庭。1912年，13岁的闻一多以优异的成绩考入了清华学校，从此开始了他活跃的清华园生活。他在文学、演说、戏剧、美术等方面的才华在这一时期得到了充分的展示和发展，他的爱国思想也在这一时期越发强烈，为他积极参加五四运动奠定了坚实的思想基础。1919年，五四运动爆发。作为新民主主义革命开端的五四运动，不仅是中国人民反抗帝国主义与封建主义的伟大运动，也是一场深刻的思想革命运动。五四运动由北京学生界发动，对青年的影响尤其巨大。闻一多在这场斗争中表现突出，也经历了前所未有的锻炼。

童年岁月

1899年11月24日，闻一多出生在湖北省浠水县巴河镇闻家铺子村。父亲闻廷政曾获秀才身份，母亲是太学生刘廷熙之女，父母都很重视子女教育，这为闻一多从小接受良好的教育奠定了基础。

就在闻一多出生的前一年，康有为、梁启超等人发动戊戌变法。时代的气息吹进了这个古老的家庭。受社会影响，闻家人也经常聚在一起议论形势。中华传统文化本来就蕴藏着深厚的爱国主义思想，随着中国半殖民地化的不断加深，反抗外敌侵略的爱国思想日益成为广大知识分子的迫切愿望。闻一多就是在这样一种时代背景下出生的。

闻一多出生时，家里为他起名亦多，族名家骅，字益善，号友山、友三。同许多读书人家起名一样，他的名与字也出自治世经典《论语》。《论语·季氏篇》云："益者三友"，"友直、友谅、友多闻"。"一多"之名是闻一多后来自己改的。

　　闻一多五岁入私塾，读《三字经》《幼学琼林》，也读《尔雅》与"四书"。后来，他的祖父在闻家办起了家塾，仿照流行的学堂，起名"绵葛轩小学"，闻一多与自家子弟便在此读书。教书的先生叫王梅甫，毕业于师范学堂，在例课之外，也教国文、历史、博物、修身等新编课本，这是闻一多接受新教育的开始。

　　闻一多读书很用功，门外来了花轿或龙灯，别的孩子都跑去看，他却能安心看书，不受干扰，经常得到祖父的夸奖。白天，闻一多在家塾里念书，晚上还会随父亲读《汉书》。父亲对闻一多爱读史书颇为满意。一次，闻一多"数旁引日课中古事之相类者以为比，父大悦，自尔每夜必举书中名人言行以告之"[①]。闻一多对绘画的兴趣这时也已有显露。琴棋书画本就是文人的专长，族中父辈能作画的有好几位，闻一多从小耳濡目染，也模仿着学起画画。舞台上的人物、古书中的绣像，都出现在他的笔下。有时家里要剪枕花鞋样，也找他绘样。这种发于自然的爱好，日后对闻一多的人生产生了很大影响。

　　1910年，11岁的闻一多被两湖师范学堂附属高等小学校录取。这是一所颇有名气的学校，无论教材、教学方法，还是师资配备，都与旧式学校有很大不同，曾受到张之洞、梁鼎芬（武昌知府）的特别关照。闻一多在这所学校只读了一年，武昌起义便发生了。能够目睹这一划时代事件的人并不多，闻一多却碰上了，并且恰恰发生在他求知欲正浓之时，因而给他留下了十分深刻的印象。

　　当时，闻一多12岁。对于武昌起义的成功，他和家人都抱着欢迎的态度。受新思潮的影响，闻一多还把自己的辫子剪掉，以示支持

[①] 清华学校辛酉级编：《闻多》，载《辛酉级·级友》，清华学校1921级中等科毕业级刊，1917年6月。

革命。这年，他回到乡里，人们惊异地看着已剪去辫子的闻一多，都很关心武昌发生的事情，总有人围上来打听。闻一多像凯旋的战士一样，一遍又一遍地给人们讲述他在武昌的见闻。后来，他还把看到的情形画成"成套的革命故事，贴得满墙"[1]，其中"一个人手执小旗，振臂高呼，表示拥护共和"[2]。

1912年春，武昌局势渐趋平稳。闻一多再次来到武昌，进入民国公校学习，后又转入实修学校。这年夏天，清华学校来湖北招生。闻一多考试时的作文《多闻阙疑》模仿当时最时髦的梁启超的文风，深得主考官称赞。经过初试、复试，闻一多考入清华学校，自此在清华园学习生活了10年。

活跃在清华园

1912年，闻一多进入清华学校后，改名"闻多"，并取消原来"友三"和"友山"的号和别号。在他的影响下，很多同学也取消了别号。在清华园，闻一多是同学中的活跃分子。在读书之外，闻一多积极从事各项课外活动，"加之写字秀遒，作文华美，图画高明，口才卓越"，因此而"知名校内"。他广泛参加文学、演说、戏剧、美术等各类社团活动。在参加各类活动中，他的思想认识也在悄然发生着变化。

清华学校的教育体制，对闻一多的成长具有重要影响。一方面，作为留美预备学校，清华学校的主要课程设置都特别突出西方的教育方法，这使闻一多广泛地接触到了西方文化，使他具备了基于中西文化比较视野来看待问题的素养。另一方面，清华学校是在中国半殖民地半封建社会背景下形成的一个特殊产物，他身处其中，对帝国主义

---

[1] 季镇淮编著：《闻朱年谱》，清华大学出版社1986年版，第5页。
[2] 刘烜：《闻一多评传》，北京大学出版社1983年版，第7页。

闻一多舍生取义

在清华学校的闻一多

的侵略与封建主义的压迫有着更为深切的感受。这种特殊的环境促使闻一多对国家、民族的前途命运有了更多的思考。

与闻一多共同考入清华学校的学生共有42名，都被编入中等科一年级。按照学制，他们要到1920年方能高等科毕业。因1920年为庚申年，按甲子纪年的习惯，他们这一级被称为庚申级。

闻一多的中文成绩一直名列前茅，但英文成绩却不尽如人意。而清华学校的课程很多是用英文讲授的，这给闻一多造成了不小的困难。为了打好基础，他不得不留了一级，与他一起留级的还有贾观林、师淑庠、何钧、周兹绪、时昭涵等。1913年9月，闻一多重新从中等科一年级读起，这一级被称为辛酉级。开学时，辛酉级共73人，编为3个班。闻一多所在的乙班共24人，有何钧、吴泽霖、钱宗堡、萨本栋等；编在甲班的有时昭涵、罗隆基等；编在丙班的有何浩若、程绍迥等。

辛酉级新生入学时，闻一多已在清华学校学习生活了一年，算是学长了，所以在同学中显得很活跃，也很受尊重。1913年11月，开学才两个月，他便与同样留级的湖北籍同学何钧共同倡议，在辛酉级发起成立课余补习会。这个倡议得到了同学们的普遍支持。11月8日，辛酉级三个班召开全级大会，多数人赞成成立课余补习会，赞成者便成为会员。会上，何钧被选为会长，闻一多被选为副会长。课余补习会的宗旨是"磨砺道德、交换智识、联络感情"，下设三个部门：一为图书部，收藏中西文书报图籍，供会友阅读；二为演讲部，每周组织演说或辩论，期末组织比赛；三为练习部，设中文、西文、科学三科，由科长负责析疑难、拟论辩，并选择优异作品，加以保存，以飨同学。课余补习会的成立，使闻一多成为同学们眼中可以信赖的人。此后，他逐渐开始担任许多班级与年级的职务。

课余补习会成立三个星期后，有人提出将入学以来的成果编辑成杂志。经过民主推选，闻一多担任了杂志主编，这本杂志定名为《课余一览》。在这本杂志上，闻一多开始发表自己的习作，包括《名誉谈》《泪蕊》《曹大镐先生绝命词》《髯仙》《人名妙对》等。

《名誉谈》的主旨是反对知识分子独善其身，提倡读书人要不断进取，为社会作贡献。当中写道："处百龄之内，居一世之中，倏忽比之白驹，寄寓谓之逆旅。所谓结驷连辖之游，佻袂执圭之贵，乐既乐矣，特黄粱一梦耳。其能存纪念于世界，使体魄逝而精神永存者，惟名而已。"闻一多认为这种"名"是以牺牲精神而建立丰功伟绩的"名"。他说："古今丰功伟烈，当其发端之始，莫不有至艰至险之象横于其中，稍一迟回立归失败。惟有此千古不朽之希望，以策其后，故常冒万难而不辞，务达其鹄，以为归宿。古来豪杰之士，恒牺牲其身现存之幸福，数濒于危而不悔者，职此故耳。"闻一多将个人之命运与国家之命运、民族之前途紧密联系的思想，在这一时期已具雏形。

1914年9月暑假后，闻一多升入中等科二年级，编入甲班。同班同学有时昭涵、吴泽霖、钱宗堡、萨本栋、罗隆基等。从此以后，闻一多与罗隆基结下了深厚的友谊。在后来的政治生活中，特别是在中国民主同盟的政治活动中，两人都比较活跃。

1914年9月18日，课余补习会改选，闻一多被推举为会长。2个月后，由于辛酉级多数同学都加入了课余补习会，为了更好地开展工作，课余补习会进行了改组，更名为"中二级会"。新年前的最后一天，级会召开年终会议，选举下学期职员，闻一多被一致推举为级长兼会长。1916年年末，辛酉级再次改选职员时，闻一多再次当选为级长兼会长。

清华学校非常重视学生社会参与能力的培养，其中对辩论演说能

力的培养尤为重视，这为闻一多辩论演说才能的发挥提供了舞台。他积极参加清华学校的各类辩论比赛，并多次帮助团队获胜。1914年3月14日，辛酉级与庚申级举行联合辩论会，辩论的主题是"今日中国小学校能否有读经"。为什么选择这样一个主题，原因主要是：一年前的6月22日，时任民国大总统的袁世凯发尊孔祀孔令，孔教会会长康有为也发电给袁世凯，要求将读经一科加入学校课程。社会各界一时议论纷纷，莫衷一是。在这一背景下，辩论会便选择以"今日中国小学校能否有读经"为主题进行辩论。在这场辩论中，闻一多担任正方的主辩。校长周诒春十分关心这次辩论，亲自担任主席。结果，代表正方的辛酉级获胜。

课余补习会改组为中二级会后的1915年11月13日，辛酉级再次与庚申级举行联合辩论会。这次辩论的题目是"国家富强在政治欤？抑在人欤？"。闻一多所在的辛酉级抽签选定的论点是"在人"，庚申级抽中的论点是"在政"，结果又是辛酉级获胜。1916年4月27日，在辛酉级级会组织的辩论会中，闻一多担任主辩的反方获胜。

1915年5月9日，时任民国大总统的袁世凯为了换取日本支持其称帝，公然承认日本提出的致使中国丧权辱国的"二十一条"，全国一片反对之声。北京是中国的政治中心，反对"二十一条"的活动最为高涨。清华学校学生义愤填膺，在《清华周刊》封面上赫然印上"五九国耻"字样，以表明永志不忘这个耻辱。11月初，已进入中等科三年级的辛酉级举行了一次"演装国会"，模仿议会进行辩论，议题为"日本下哀的美敦书要求中国将南满归并日本，中国宜取如何行动"。辩论会上分为主战与主和的假想两派，双方围绕"二十一条"的核心问题唇枪舌剑，俨然一个小国会。[1]24日，辛酉级再次举行"演装国会"，充任国会主席的即是闻一多。[2]这次辩论，不仅仅是一次对年轻人演说辩论能力的锻炼，更是这群年轻人对国家民族命运的思考

---

[1] 《校闻》，载《清华周刊》1915年第58期。
[2] 《校闻》，载《清华周刊》1915年第61期。

和担当的体现。

在清华园,闻一多参加的辩论会还很多,辩题包括"普通教育较人才教育为要""今日中国科学家较文学家为要"等。从这些辩题可以看出,闻一多对国家及社会问题的高度关注和深入思考。在参加各种辩论会的同时,闻一多还参加了一些演说。1917年10月底,他被推选为辛酉级的代表,参加全校性的演说辩论团。

清华学校的戏剧演出,是学生课外生活的重要组成部分,闻一多对戏剧编演的兴趣正是在这一时期培养起来的。1913年11月15日,辛酉级在全校首届戏剧竞赛中荣获第二名的《革命军》(又名《武昌起义》),便是由闻一多与贾观林等人合编而成的。闻一多是同学中少数目睹武昌起义者之一,当年的经历与见闻,为他创作这出戏剧奠定了基础。《革命军》剧情主要是讽刺湖北巡抚瑞澂在武昌起义爆发前的狼狈不堪,歌颂革命党人大无畏的精神。该剧演出后受到了大家的普遍好评。

在清华园,闻一多还参加编写和演出了《打城隍》《两仆计》《紫荆魂》等。这些戏剧有些是娱乐性质的,有些是展现社会底层人

1913年清华学校演出《革命军》的剧照,闻一多(右一)饰演革命党人

民反抗精神的，有些是破除旧习俗、提倡新世风的，演出效果都很不错。浦薛凤曾说："伊（闻一多）又喜欢编写剧本。最初几年，高中两科八年，每年辄写演短剧比赛，吾级多次之短幕戏剧均由他一手创作，演出之后，总能名列前茅。"①

1916年9月26日，清华学校成立了全校性的文艺团体"游艺社"，由于闻一多在戏剧方面表现突出，他被提名并当选为副社长。游艺社下设戏剧、音乐两部，闻一多负责戏剧部。1919年1月，游艺社改称新剧社，闻一多以副社长身份兼任编演部总经理。1920年11月，清华学校筹备十周年校庆，筹备活动中拟排演中英文戏，校长还指派专人会同闻一多、蔡公椿、翟桓商议国剧编演。

与此同时，学生会也推举闻一多、罗隆基、吴泽霖、刘聪强、蔡公椿等五人组成专门委员会，分工时闻一多被推举为国剧编辑的负责人。在一系列成功的戏剧编演过程中，闻一多的戏剧才华得到了充分展示，也为他之后戏剧观的形成奠定了良好的基础。

闻一多从小就对美术有浓厚兴趣，进入清华学校后，又多得美术教师司达尔女士（Miss Starr）的鼓励和指导，绘画技法大为精进。清华学校辛酉级编印的《辛酉镜·美术》评价闻一多的画作道："闻一多之水彩景画，善露阳光，有灿烂晴日之景象。"浦薛凤说："吾级吴泽霖、方来、杨廷宝与本人，对绘画亦有兴趣，兼受美术教师司达尔女士之鼓励。唯一多铅笔与水彩画成绩特好，最受赏识，是为其留美学习绘画之根源。"②1915年6月，清华学校组织三育成绩评比，辛酉级的图画在全校中成绩最优，而闻一多更是"以图画冠全级，奖景画一幅"③。

1915年11月3日，清华学校决定编辑本学年《清华年报》，闻一多被指定为图画副编辑。此后，他多次出任《清华年报》编辑，一直负责美术部分。1919年9月，已经有许多学生社团活跃的清华园又出现了

---

①② 浦薛凤：《忆清华级友闻一多》，载台湾《传记文学》1981年第39卷第1期。

③ 《本校三育最优成绩得奖表》，载《清华周刊第一次临时增刊》，1915年6月26日。

一个新的社团——美术社,它的发起人为闻一多、杨廷宝、方来,导师为美术教师司达尔女士。美术社最初有会员20余人,职员有社长、书记、会计、会所管理。一年后,会员发展到50多人时,美术社召开会员大会。会上决定取消社长,选举闻一多为书记、吴泽霖为会计兼干事、杨廷宝为会所管理。1920年10月,美术社会员已增加到60多人,其中有梁思成、闻亦传、高士其、唐亮等。

美术社的活动,对提高清华学生的绘画水平发挥了很大的作用。"有几位国内名家看见他们这几年的作品曾讲过,不独是国内各普通学校所望尘莫及,便是有的美术专门学校也很难同他们比肩。"①这一时期闻一多的美术活动,对他后来赴美国留学选择修习西洋美术专业产生了重要影响。

投身"五四"洪流之中

1919年1月18日,巴黎和会开幕,这是在第一次世界大战中取得胜利的协约国集团,为解决战争所造成的问题及确定战后秩序而召开的会议。作为战胜国之一的中国,北洋政府派出代表团出席了会议,并在会上提出收回中国在不平等条约中丧失的主权等合理要求,而中国代表团提出七个问题中的第一个问题,便是取消日本帝国主义与袁世凯订立的"二十一条"、收回被德国攫取的山东之一切权益。但是,以参战为借口占据青岛的日本,拒绝放弃已获得的权益。英、美、法三国首脑为了与日本在其他问题上讨价还价,竟然同意满足日本的侵略要求,将德国原在山东享有的各种特权完全让给日本。

早在1917年年初,英国、法国、意大利便与日本达成秘密谅解协议,答应支持日本继承德国在山东的一切权益;日本亦坚持认为1918年与段祺瑞政府关于山东问题换文时,中国曾表示"欣然同意";担

---

① 《学生方面·智育·会社·美术社》,载《清华周刊本校十周年纪念号》,1921年4月28日。

心日本不参加国际联盟的美国，也不惜为此牺牲中国的利益。于是，巴黎和会竟于4月30日拒绝了中国代表团的正当要求。5月1日晨，英国外相白尔福正式通知中国代表，声称英、法、美三国首脑会议业已决定承认参战国日本对青岛的占领，同意将德国在山东的各种权益全部转让给日本。消息传回国内，引起了中国人民的极大愤慨。

5月4日，划时代的五四运动爆发了，北京大学、北京高等师范大学、中国大学等13所大专学校3000余学生走上街头，高呼"外争主权，内除国贼"，第一次将反对帝国主义与反对封建主义的斗争明确联系起来。游行队伍在东交民巷受阻，愤怒的人流遂转赴东城赵家楼，火烧了主张在和约上签字的北洋政府交通总长曹汝霖的宅第，痛殴了驻日公使章宗祥。

5月4日是星期天，清华学校于一天前刚刚举行大规模的校庆纪念活动，同学们大多在休息，再加上学校地处郊外，与城中联系不畅，故大家直到晚上才从进城返校的同学那里得知白天发生的事情。血气方刚的闻一多闻讯后心情久久不能平静，为抒发感情，他挥笔抄录了岳飞气壮山河的《满江红》，以表达驱逐外寇、收复河山、谴责北洋政府屈辱卖国罪行的心情，并将它贴于学校饭厅门前。

5月5日，清华学校的同学们看到了闻一多抄录的《满江红》，并

【小贴士】

满 江 红

怒发冲冠，凭栏处，潇潇雨歇。抬望眼，仰天长啸，壮怀激烈。三十功名尘与土，八千里路云和月。莫等闲、白了少年头，空悲切！靖康耻，犹未雪。臣子恨，何时灭！驾长车，踏破贺兰山缺。壮志饥餐胡虏肉，笑谈渴饮匈奴血。待从头、收拾旧山河，朝天阙。

注：此词是宋代名将岳飞所作，上阕抒发了作者对中原重陷敌手的悲愤，对局势前功尽弃的痛惜，表达了自己继续努力争取壮年立功的心愿；下阕抒发了作者对敌人的深仇大恨，对祖国统一的殷切希望，对国家朝廷的赤胆忠诚。全词情调激昂，慷慨壮烈，显示出一种浩然正气和英雄气质，表现了作者报国立功的信心和爱国情怀。

了解到5月4日城里发生的事情，群情激愤。高、中两科科长与各级级长、各社团负责人开会讨论开展爱国运动的办法。闻一多是《清华学报》中文编辑，又是新剧社副社长，因而得以出席这次有57人参加的会议，并与罗隆基共同担任会议临时书记。

这次会议通过了几项决议，包括：对外派代表入城联络，一切行动与他校完全一致；要求国会弹劾章宗祥、陆宗舆；通电巴黎专使缓在和约上签字，要求总统对山东青岛问题采取坚决措施；对内筹备学生大会，抵制日货，在出版物上加印"勿忘国耻"，举行演讲和印发传单。①晚上，全校学生在体育馆前召开大会，除报告形势外，还提议成立学生代表团以领导学校爱国运动。闻一多被选为学生代表团的成员，当选人中还有罗隆基、何浩若、刘聪强、吴泽霖、黄钰生、潘光旦、罗发组、陆梅僧等。

两天后，清华学生代表团正式宣布成立，这是该校有史以来第一个自发组成的学生领导组织。文笔犀利、思路敏捷的闻一多担任中文书记，和他一起的还有潘光旦、段茂澜、周兹绪。他们的责任是起草各种文件和宣传品。学校在这次运动中最早的重要文献《清华学生代表团开会记录》，就是闻一多参与起草的。

5月9日是"国耻纪念日"。四年前的这一天，袁世凯接受了日本提出的"二十一条"，成为中国近代史上丧权辱国的耻辱。这一天，出于"五四"之事，同学们更觉沉痛，齐聚体育馆前，举行"国耻纪念会"。大会决议通电巴黎，要求中国代表团拒绝在和约上签字。之后，与会人员又庄严宣誓："口血未干，丹诚难泯，言犹在耳，忠岂忘心。中华民国八年五月九日，清华学生从今以后，愿牺牲生命，保护中华民国人民土地主权。此誓。"宣誓后，闻一多以学生代表团秘书部中文书记身份登上主席台，向全校同学报告了清华学生代表团的组织情况。会后，同学们在会场前焚毁日货，"不特同学中日常需用

---

① 《校闻》，载《清华周刊》1919年第169期。

闻一多舍生取义

之旧物,即本校售品所以前批购之日货,亦同付一炬"①。

5月15日,北京学生举行总罢课。罢课期间,闻一多翻译了马士(Hosea B. Morse)的《台湾一月记》。这篇文章记述了台湾被割让后,当地人民起来反抗日本霸占的经过。在译文中,闻一多表示出对签订《马关条约》的清政府与李鸿章之鄙视,也表达了对台湾人民抗争精神的钦佩。当年的事情与眼下的情景极为相似,闻一多正是借《台湾一月记》,向世人敲响警钟。②

6月3日,北京学生上街游行演讲,扩大宣传,被军警拘捕170多人。当日,清华学校派出100多名学生进城宣传,被捕者四五十人。4日,学生继续上街演说,又被捕700余人。当日,清华学校派出一百六十人,全部被捕。5日,北京学生毫不畏惧,继续出动分路宣传。原本负责文书工作的闻一多,也加入了进城演说的队伍,幸而没有被捕。北京大批学生被捕的消息传到上海,上海的工厂、商店、学校掀起了史无前例的罢工、罢市、罢课的"三罢"斗争。此前,反对在巴黎和约上签字的主要是学生和下层人士,而这时参加者已经扩大到了广大市民群众。

在全国各地各界爱国人士的强烈抗议下,北洋政府不得不于6月8日释放被拘押的学生。这一天,清华学校派出200余人乘车到前门,迎接出狱学生。在正阳门,他们与出狱同学会合,"一同前往总统府,遂大呼中华万岁,声动天地,观者如堵"。全队人马整队经过西长安街,至西单牌楼掉头,西行至西直门火车站,乘专车于下午六时半回到学校。在校门口,"校中教职员及同学百余人排立大门两旁迎接,掌声雷鸣"③。

闻一多的爱国主义思想,在五四运动中得到了极大的激发,这从他写给父母的信中可见一斑。他在1919年5月17日写的《致父母亲》中这样写道:"国家至此地步,神人交怨,有强权,无公理,全国懵然

---

① 《学生方面·智育·爱国运动》,载《清华周刊本校十周年纪念号》,1921年4月28日。
② 闻黎明:《闻一多传》(增订本),人民出版社2016年版,第53页。
③ 《校闻》,载《清华周刊第五次临时增刊》,1919年6月。

如梦，或则敢怒而不敢言。卖国贼罪大恶极，横行无忌，国人明知其恶，而视若无睹，独一般学生敢冒不韪，起而抗之。虽于事无大济，然而其心可悲，其志可嘉，其勇可佩。""男在此为国作事，非谓有男国即不亡，乃国家育养学生，岁縻巨万，一旦有事，学生尚不出力，更待谁人？""男昧于世故人情，不善与俗人交接，独知读书，每至古人忠义之事，辄为神往，尝自诩吕端大事不糊涂。""今日无人作爱国之事，亦无人出爱国之言，相习成风，至不知爱国为何物，有人稍言爱国，必私相惊异，以为不落实与狂妄，岂不可悲？""当知二十世纪少年当有二十世纪人之思想，即爱国思想也。"①

多年以后，闻一多依然念念不忘五四运动对自己的影响，他曾说道："'五四'时代我受到的思想影响是爱国的、民主的，觉得我们中国人应该如何团结起来救国。"②

毅然参加"同情罢考"

经过五四运动的洗礼，闻一多的斗争精神不断得到强化，后来的"同情罢考"事件，也充分展现了这一点。

"同情罢考"事件发生在闻一多即将出国留学前夕，导致这次事件的起因是"六三惨案"的发生。1920年7月爆发了第一次直皖战争，大规模的军阀互斗，使北京政府把大量财力投入战争，以致教育经费被大量挪用，公立院校经费被长期拖欠，教职员生活无法保障。为此，北大高等师范学校、女子高等师范学校、法政专门学校、医学专门学校、工业专门学校、农业专门学校、美术专门学校、高等师范学校等8所国立高校教职员于1921年3月14日宣布停止职务，4月8日又举行罢课。随后，其他学校教职员亦加入此行列，并得到全国各界纷

---

① 闻铭、王克私编：《闻一多书信选集》，人民文学出版社1986年版，第14—16页。
② 闻一多：《闻一多全集·文艺评论 散文杂文》，湖北人民出版社2004年版，第113页。

纷声援。4月12日，8校学生2000余人手执"读书运动"旗帜，赴国务院、总统府请愿，要求发放教育经费，声援8校教职员罢课。迫于压力，总统徐世昌不得不下令，让财政、交通、教育三部制定出一个拨付经费的办法。4月30日，国务会议通过了三项办法。5月3日，各校教职员向校长提出政府履行此三条保障之方法，并声明此项保障方法办妥后，可立即恢复职务，开始上课。但是，内阁总理靳云鹏对筹款办法置若罔闻，甚至于5月19日操纵国务院宣布之前制定的办法一概无效，这一行径激起了教职员们的极大愤怒，于是在5月22日第二次宣布辞职。

6月2日上午，北京29校学生代表赴国务院请愿，靳云鹏拒绝接见，双方僵持至中午，代表们不仅茶水无着，且遭到不堪入耳之讥讪。第二天拂晓，坚守在国务院前的学生代表经4次交涉方得入内，却遭到一连荷枪实弹的卫兵看守。消息传出后，各校紧急协商，决定举行大规模请愿。上午10时，北京中小学以上22校学生600余人，手执"教育破产""请政府履行国务会议议决三条"等标语，齐集新华门东门外，要求总理接见。

当时，淫雨霏霏，众人冒雨坚持了两个多小时。下午，22所公立学校的校长与8校教职员代表，以及学生共1000余人，再至新华门请愿。教育次长马邻翼出面，无视代表们要见内阁总理靳云鹏的要求，只允代转，不能负责。代表们不满意马邻翼的应付态度，遂一拥而入。这时，早有准备的军警们荷枪持刀，见人就打。法专校长王家驹腰背腹部受枪柄重击；医专代理校长张焕文头部遭重创，血流满身；北京国立专门以上八校教职员联席会议主席、北大教授马叙伦头部及左腰重伤，全身是血；北大教职员代表沈士远教授额部被刺刀刺破，一脸鲜血。次日报载，受重伤者除王家驹、张焕文、马叙伦、沈士远外，还有高师教授黄人望、张贻惠，女高师教授汤璪真，医专教授毛咸，工专教授许绳祖，以及职员和学生刘兴炎、何玉书、封挺楷、王本仪、陈激、梁惠珍、刘因民、赵林书等多人。[①]至于受轻伤者，更是

---

① 《挨打后教职员学生之文告》，载《晨报》1921年6月5日。

不计其数。这便是震动全国的"六三惨案"。

"六三惨案"的发生，在社会上引起了强烈反响，同时也在教育界引起大规模抗议活动，其中"最足以引起社会注意的，莫过于此次清华学校的罢课风潮"①。"六三惨案"发生后，北京市学联宣布罢课抗议，部立、私立学校相继起而声援。五四运动时期加入北京市学联的清华学生会，也于6月8日在评议部会议上通过《清华学校明日罢课》案，决定执行市学联的决议。当晚，清华学生会评议部将此案提交全体学生大会讨论。大会经过3小时争辩，多数人认为：一、罢课是自杀政策，以杀止杀，万难有济；二、现今政府非罢课所能警醒，万不得已，罢课一事也只能作同情表示。为此，大会将评议部议案修改为"清华学生应该罢课，唯须与北京部立、私立各校取一致行动"。6月9日，俄文专修馆等学校罢课消息传来，是否与全市学联采取一致行动举行罢课，必须作出抉择。6月10日，清华学校全体学生再开大会表决，最终以292票比119票通过"同情罢课案"。

"同情罢课案"通过后，清华学生为了策应，提出了一些积极建议，如：组织部立、私立各校联合会，以作国立八校联合会之后援；为求得教育之根本解决，应组织募集教育基金委员会；为求中国政治根本之革新，应组织宣传政治革新会等。然而，就在支持罢课的清华学生投入全部精力筹谋一致对外之际，校内却出现了一种暗潮，推动学校当局和教职员们与罢课学生对立。而这种对立的表面原因，与即将举行的期末大考相关。

按照清华学校的教学安排，原定6月13日举行期末大考，但大多数学生坚持罢课，不参加大考。6月13日大考这天，清华学生无人进入考场。清华校方对学生拒绝考试一事持反对态度，所以，此后不断推迟考试日期，并发布"不赴大考学生即自请退学"的惩罚措施，企图迫使学生放弃罢课参加考试。在拒绝考试这个问题上，闻一多所在的

---

① 《清华学校罢课风潮之始末——全体学生自请退学，补考者留班一年》，载《晨报》1921年7月3日。

闻一多舍生取义

辛酉级是压力最大的，因为这一年他们即将从清华学校毕业并出国留学，如果"自请退学"，对他们来说无疑是一种巨大的损失。

6月22日是学校规定的最后的大考之日，多数辛酉级的同学未能顶住压力，走进了考场。坚持罢考的吴泽霖回忆这段往事时说："到考试的第一天，我们全级分化了。三分之二的级友没有顶住压力，屈服了，走进了考场。他们的理由是：首先，最初学联前来征询清华态度时，我们学生会就表示不赞成并明确表示了保留意见。其次，考试涉及毕业问题，毕业考试并不是上课，并不等于破坏罢课。而我们属于少数的二十几人则认为，既然参加了罢课，就不应该为了本身的利益而半途退出集体行动。参加毕业考试意味破坏罢课、分化学运、出卖清华学生会的荣誉，也是对学生联合会的背叛，抛弃了正义。"①

辛酉级拒绝大考的学生共29人，他们宁肯牺牲宝贵的留学机会，也不肯违背自己的信念。随后，清华学校当局对闻一多等29人给予了"自请退学"的处分。此事在社会上引起了轩然大波。经过学生家长、外交部与清华学校的数度交涉，这年暑假结束前夕，清华给闻一多他们发出通知，只要上缴一份悔过书，即可回校补习，第二年再毕业出国。后来，学校又作出让步，让他们写一份集体悔过书。但是，闻一多等人坚持无过可悔，拒写悔过书。在社会各界抗议下，清华学校当局最终只是对这批罢考学生采取了留级一年的处分。这件事在清华历史上被称为"同情罢考"事件，在社会上影响很大，从中也展现了闻一多坚守正义、抵制压迫的斗争精神。

---

① 吴泽霖：《老友一多二三事——纪念闻一多逝世三十三周年》，载王子光、王康编《闻一多纪念文集》，生活·读书·新知三联书店1980年版，第166—167页。

向内发展的路

五四运动之后，闻一多开始用白话文写作。在白话文运动中，最能引起闻一多关注的是新诗。

从1919年11月14日开始新诗创作以来，闻一多佳作不断，一时成为新诗的代表人物之一。闻一多写新诗绝不是为了赶时髦，他的态度极为严肃认真，始终把诗当作表达思想感情的工具，反对无病呻吟的作品。在他的诗歌所表达的各类情感中，爱国主义逐渐成为其中的主旋律。

1922年7月16日，闻一多开启了出国留学的生涯。异国的生活使他的思乡之情、爱国之情更加浓烈。在这一时期，闻一多创作了《我是中国人》《七子之歌》等众多经典的爱国主义诗歌。闻一多是一位真正大声歌咏爱国的诗人，从不掩藏自己炙热的爱国之情。他说："诗人的主要天赋是爱，爱他的祖国，爱他的人民。"

1925年5月14日，闻一多登上了归国的轮船。回国后，随着开展"国剧运动"梦想的破灭，他辗转国立艺专、国立政治大学、武汉大学、青岛大学等处，四处碰壁，心情压抑。直至1932年8月，他回到清华园，钻进故纸堆"向内发展"，潜心研究中国文学，由此开始了诗人向学者的过渡。

认准新诗的方向

在中国，早在五四运动之前便有人提倡白话文，用它写成的小说与诗已登上了文学舞台。但是作为新生事物，白话文受到了来自各方面的巨大阻力。闻一多并不是一个守旧的人，但在1919年2月底《清华学报》的编辑会议上，一位顾问先生提议学报采用白话文时，他尚抱着"无可如何"的态度。不过闻一多的认识转变得很快，在五天后便表示："学报用白话文颇望成功，余不愿随流俗以来讥毁。"五四运动之后，闻一多从发表《建设的美术》起，便全部用白话文写作了。特别是用白话文写作诗歌，闻一多可以说是得心应手，从1919年11月14日创作《雨夜》《月亮和人》开始，一发而不可收。至次年暑假，他已写下《雪》《朝日》《率真》《忠告》《一个小囚犯》《二月庐》等。同时，他还尝试将韩愈的《南山行》也译成新诗。

这时，新诗这种体裁出现在中国文坛上也不过是两三年的事，新诗创作还处在探索阶段，形式上也没有固定，大家都在探索当中。但这一时期的闻一多已经认准了新诗的方向，并从此走上了发展新文化的道路。

当然，这条路上也有阻力。1920年春天，北京下了一场大雪，作文课上便出了题目《雪》。闻一多那时对新诗兴趣正浓，就写了一首习作。没料到，这首《雪》引起了教师赵瑞侯的异议，他在诗末批道："生本风骚中后起之秀，似不必趋附潮流。"闻一多看了之后暗自发笑。于是在第二次月课，闻一多为了应付，作了首古诗《点兵行》，是翻译英国人坎贝尔的《点兵之歌》。闻一多作此诗的目的，是为了证明文言文译诗难以成功。他在序中特别写道："译事之难，尽人所知，而译韵文尤难。译以白话或可得其仿佛，文言直不足以言译事矣。今之译此，乃知文言译诗，果能存意之仿佛者几何？亦所以昭文言之罪也。"①他以这样的方式，驳斥了老师的观点。

在封建势力十分顽固的年代，新文化的发展步履艰难。闻一多一边写新诗，一边不得不为新诗的成长清扫障碍。1920年秋，就在他的新诗《西岸》发表的时候，清华学校一时心血来潮，增添了一门"美术文"课，讲的不外乎是古典诗歌，而且不单"美术文"的讲义全是古诗，就连外交史、伦理学课上，也要说几句古诗，一时校园中又响起"平平仄仄"来。

闻一多看不惯这一现象，说"诗体的解放早已成了历史的事实"，可是清华园似乎"把人家闹了几年的偌大的一个诗体解放的问题，整个忘掉了"。他把哼着"平平仄仄"的人称为"落伍的诗家"，告诫说："若要真作诗，只有新诗这条道走，赶快醒来，急起直追，还不算晚呢。"②这里讲的是诗，核心则是如何对待新文化的态度问题。闻一多大胆地向旧文化告别，表现出一代青年人决意求新的精神。

闻一多把写诗当作表达思想感情的方式，他的第一篇诗评《评本学年〈周刊〉里的新诗》，除了评论诗的幻象、情感、声色元素等艺术作用外，尤为强调诗的社会价值和思想价值。他评王造时的《月食》时说："这是以月食比目前的中国——受人凌辱、耻笑，将来劫运退了，还能重见光明。"同时，他又认为诗不是随便就可以下笔的，不到非写不可的时候，就不该动笔。他说，诗人胸中的感触，虽到发酵的时候，也不可轻易放出，必使他热度膨胀，自己爆裂了，流火喷石，兴云致雨，如同火山一样——必须这样，才有惊心动魄的作品。诗人总要抱着这句话作为金科玉律："可以不作就不作。"闻一多对于诗歌有一种力欲求新而不盲从的精神，他认为，新诗的"新"不能抛弃民族文化的精髓，不能脱离人民喜闻乐见的传统。为了进一步研究新诗的理论，他同时还撰写了《律诗的研究》。

---

① 闻黎明：《闻一多传》（增订本），人民出版社2016年版，第109页。
② 闻一多：《敬告落伍的诗家》，载《清华周刊》1921年第211期。

闻一多舍生取义

"塞翁失马,焉知非福。"这句话用在因"同情罢考"事件而留级一年的闻一多身上,甚是恰当。

1921年9月,闻一多等29名参加"同情罢考"的同学,被迫开始了一年的留级生活。这一年,闻一多结交了一批爱好文艺的青年,大家共同组成了"清华文学社"。第一批社员14人,包括1922级时昭涵、陈华寅、谢文炳,1923级李迪俊、吴景超、梁实秋、顾毓琇、王绳祖、张忠绂,1925级杨世恩、董凤鸣,1926级史国刚。成立会隆重而热烈,大家兴致极高,根据各自志向分成诗、小说、戏剧三组,并推定闻一多、翟桓、李迪俊为各组的领袖。会上,闻一多被选举为书记,梁实秋与张忠绂分任干事和会计。

这一时期,闻一多与志趣相投的梁实秋结下了深厚的友谊。他在给顾毓琇信中曾说:"我于偶然留校的一年中,得观三四年来日夜祷祝之文学社之成立,更于此社中得与诗人梁实秋缔交,真已喜出望外……唉!十年之清华生活无此乐也。我之留级,得非塞翁失马比哉?"[①]

1921年,闻一多(二排左二)与梁实秋、吴景超、顾毓琇、吴文藻、张忠绂、翟桓、史国刚、谢文炳等清华文学社社员合影

[①] 闻铭、王克私编:《闻一多书信选集》,人民文学出版社1986年版,第35页。

在闻一多留美前夕，梁实秋特作诗一首送给闻一多，诗名《送一多游美》，把闻一多称作"东方的魂"。诗前还写了情谊深切的序，说："一多是文学社的社友、清华现在唯一之诗人，有集曰《红烛》。今日游美，全社有失依之感。习俗之序赠的滥调，文学社社友本不优为；而别离情绪盘萦脑际不去者累日，遂进而成此。既成篇，诗之工拙弗计也！"①

《红烛》题材广泛，内容丰富，或抒发诗人的爱国之情，或批判封建统治下的黑暗，或反映劳动人民的苦难，或描绘自然的美景，构思巧妙，想象丰富，语言生动。在清华园时，闻一多便已开始《红烛》的结集工作，在美国留学时完成最终定稿。有一次，芝加哥美术学院放寒假，闻一多诗兴大发，思如泉涌，五昼夜作诗50首，且多为佳作，这些诗后来大多被编入了《红烛》中。《红烛》共编入诗歌103首，分作《序诗》《李白篇》《雨夜篇》《青春篇》《孤雁篇》《红豆篇》。闻一多留美后，将《红烛》寄回国内，由梁实秋整理出版。

"我是中国人"

1922年7月16日，闻一多踏上了赴美留学之路，却对此并不热心，"觉得美国的物质文明尽管发达，那里的生活未必能适合他的要求"，而"对于本国的文学艺术，他一向有极浓厚的兴趣"②。《美国化的清华》是他对在清华学校学习、生活10年的感想。针对美国教授认为清华学生"太不懂美国，太没受着美国文化底好处"的指责，他在文中反驳说："清华太美国化了！清华不应该美国化，因为所谓美国文化者实不值得我们去领受！""美国化呀！够了！够了！物质文明！我怕你了，厌你了，请你离开我吧！东方文明啊……'盍归乎

---

① 梁实秋：《送一多游美》，载《清华周刊第八次增刊》，1922年6月。
② 闻黎明、侯菊坤编著：《闻一多年谱长编》（上卷），上海交通大学出版社2014年版，第178页。

来'！让我还是做我东方的'老憨'吧！理想的生活啊！"①闻一多十分清楚，美术只是他的业余爱好，并不打算把它作为终生职业。他最大的爱好是从事中国文学研究，去美国是舍本逐末。后经过一众师友的劝说，他才登上了去往美国的轮船。

1922年8月，闻一多抵达芝加哥后一周，即给吴景超、翟桓、顾毓琇、梁实秋等人写信。他在信中谈了对芝加哥的印象，对中国留学生"颓唐"的精神状态也极为不满，"大多数人是嬉嬉笑笑，带着女伴

闻一多在芝加哥美院门前

---

① 闻黎明、侯菊坤编著：《闻一多年谱长编》（上卷），上海交通大学出版社2014年版，第169—170页。

逛逛而已,其余捉不到女伴,就谈论品评,聊以解嘲而已。高一点的若谈到正当的serious的事,也都愁眉叹气,一筹莫展。总而言之,他们没有一点振作的精神"。他说道:"我到芝加哥才一个星期,我已厌恶这种生活了……你们在清华底享乐之中,不要忘了那半球一个孤苦伶仃的东方老憨!"①这激起了闻一多对"家"的思念。他在给吴景超的信中抄录了新作的《晴朝》《太阳吟》两首诗,向朋友诉说自己的心境,"不出国不知道想家的滋味",他说自己所想的不是狭义的"家",而是"中国的山川,中国的草木,中国的鸟兽,中国的屋宇——中国的人"②。

9月25日,闻一多开始了他在美国芝加哥美术学院西洋美术专业的学习。1923年9月,闻一多从芝加哥美术学院转学至科罗拉多大学艺术系。1924年9月,进入纽约艺术学院学习。1925年5月14日,归国心切的闻一多提前结束了他的留学生涯,踏上了回国之路。③

在美留学期间,闻一多主修的是美术,且成绩一直名列前茅,但他对文学表现出更大的兴趣,特别是对诗歌的酷爱。这一时期闻一多的诗歌,多有浓烈的爱国主义情感。他在给父母的信中写道:"男之成绩颇佳,屡蒙教员之奖许。美国人于此道诚不足畏也。"在给兄长闻家骅、弟弟闻家驷的信中说:"我的功课做得可算得意","我进此专门学校后,益发对于自己的美术底天才有把握了。"他认为学习美术没有穷境,"不要说三年学不完,便是三十年也是不够的"④。但他对文学的兴趣要高于美术,巴不得立刻回国进行中国文学研究,因而他计划三年之后就回国。几个月后,又写信告知家人,计划将留美期限缩短至两年半。

这一时期,最能表达闻一多炽热的爱国情感的诗,莫过于他在美

---

① 闻铭、王克私编:《闻一多书信选集》,人民文学出版社1986年版,第46页。
② 闻铭、王克私编:《闻一多书信选集》,人民文学出版社1986年版,第61页。
③ 按照清华学校规定,赴美学生可留学五年,闻一多在美留学了三年,归国心切的他便提前结束了自己的留学生涯。
④ 闻铭、王克私编:《闻一多书信选集》,人民文学出版社1986年版,第83页。

国写成、回国后发表的《我是中国人》。该诗以"我是中国人"作为开头，又以此结尾，突出了诗的主题。诗中歌颂了中国广阔的地域、中华民族悠久的历史和灿烂的文化，表现了作为一个中国人强烈的自豪感。

在《我是中国人》中，他写道：

> 我是中国人，我是中国人，
> 我的心里有尧舜的心，
> 我的血是荆轲聂政的血，
> 我是神农黄帝的遗孽。
> ……
> 我心头充满戈壁的沉默，
> 脸上有黄河波涛的颜色
> 泰山的石溜滴成我的忍耐，
> 峥嵘的剑阁撑出我的胸怀。
> 我没有睡觉！我没有睡觉
> 我心中的灵火还在燃烧；
> 我的火焰他越烧越燃，
> 我为我的祖国烧得发颤。
> ……
> 我是过去五千年的历史，
> 我是将来五千年的历史。
> 我要修葺这历史的舞台，
> 预备排演历史的将来。
> ……
> 我们是四万万不灭的明星；
> 我们的位置永远注定。
> 伟大的民族！伟大的民族！

> 我是东方文化的鼻祖；
> 我的生命是世界的生命。
> 我是中国人，我是中国人！

闻一多的爱国之情，还可以从他在美国写成、回国后发表的《爱国的心》中明显地感受到：

> 我心头有一幅旌旆，
> 没有风时自然摇摆；
> 我这幅抖颤的心旌，
> 上面有五样的色彩。
> 这心腹里海棠叶形，
> 是中华版图底缩本；
> 谁能偷去伊的版图？
> 谁能偷得去我的心？

闻一多反复向家人述说对中国历史文化的热爱，表达从事中国文学研究的愿望。他在信中写道："且美利加非我能久留之地也。一个有思想之中国青年留居美国之滋味，非笔墨所能形容……我乃有国之民，我有五千年之历史与文化，我有何不若彼美人者？将谓吾人不能制杀人之枪炮遂不若彼之光明磊落乎？总之，彼之贱视吾国人者一言难尽。"对中华民族历史文化的自信溢于言表。

在另一封信里，闻一多更加坚定地表达回国从事中国文学研究的决心，他说："我来此半年多，所学的实在不少，但是越学得多，越觉得那些东西不值得一学。我很惭愧我不能画我们本国的画，反而乞怜于不如己的邻人。我知道西洋画在中国一定可以值钱，但是论道理，我不应拿新奇的东西冒了美术的名字来骗国人的钱。因此我将来回国当文学教员之志乃益坚。"

闻一多对留学生中盲目崇拜西方非常不屑，他在给弟弟闻家驷的信中说："我自来美后，见我国留学生不谙国学，盲从欧西，致有怨造物与父母不生之为欧美人者，至其求学，每止于学校教育，离校则不能进步咫尺，以此虽赚得留学生头衔而实为废人。"闻一多认为，在长辈、兄长的教导下，孩子们从小在家塾中醉心中国文化，这是一种宝贵的家风。他叮嘱弟弟，今后对于子侄的教育要像父兄那般负起同样的责任，"使此风永继不灭"。

此外，闻一多亲身经历和听闻的几桩事情，使他对美国的种族歧视十分憎恶。美国学校本来有选派优秀学生到巴黎、罗马交流学习的规定，闻一多获得芝加哥美术学院最优等"名誉奖"，他原以为可以被选派，后面才知道这个"优待"仅限美国学生。这件事更加深了他内心的屈辱感和愤慨，他在家信中写道："今此等名誉奖乃不值钱的臭东西，送给我，我还不要呢！然于此更见美人排外观念之深，寄居是邦者，其何以堪此？"

1923年9月中旬，闻一多转学至科罗拉多大学，该校美术专业虽不及芝加哥美院，但好友梁实秋在科罗拉多大学英语系，"与实秋同居讨论文学，酬唱之乐，当远胜于拘守芝城也"。闻一多是科罗拉多大学美术系唯一的中国人，他的学业成绩依然优秀。科罗拉多大学的一个美国学生写了一首题为"The Sphinx"的诗，称"中国人的面孔活像人首狮身谜一般的怪物，整天板着脸，面部无表情，不知心里想的是一些什么事"。针对美国学生的挑衅，梁实秋、闻一多分别写了两首诗在科罗拉多大学的学生报纸《科罗拉多大学之虎》上进行反击。

1924年春，梁实秋等3位中国留学生驾车去丹佛吃广东菜，路上与一辆美国人驾驶的汽车相撞。警察歧视黄种人，将驾车的中国人收监，梁实秋交付了170美元才将人放出，闻一多对此十分愤懑。科罗拉多大学的毕业典礼再次让闻一多大受刺激。按照惯例，毕业生一男一女列队走向讲台领取毕业证书，当年中国毕业生6人，但没有一个美国女生愿意同中国学生一起上台。学校当局安排6名中国学生自行组成3

// 向内发展的路 //

对上台,每个中国学生心里都不是滋味,闻一多更加愤慨。

这样的事,屡屡上演。闻一多还气愤不已地向梁实秋讲述陈长桐的遭遇:清华学校毕业的陈长桐在科罗拉大多大学读书时,到一个理发店理发,老板歧视黄种人,竟然不肯为他理发。陈长桐一气之下将理发店老板告上法院,法院判决理发店老板败诉,不许其刻意刁难。官司虽然胜了,但陈长桐却为此支付了80多美元律师费。理发店老板道歉时诚恳地对陈长桐说:"下回你要理发,请通知一声,我带了工具到你府上来,千万请别再到我店里来!因为黄人进入店中理发,许多白人就裹足不前了。"

这些直截了当的侮辱,保持距离的冷漠,深深刺痛了闻一多的心,使他的民族自尊心难以容忍。个人荣誉在此时此地竟与祖国的地位那么密不可分,它怎能不让人从愤怒中站起来呢?[1]闻一多曾对家人说:"我辈定一身计划,能为个人利益设想之机会不多,家庭问题也,国家问题也,皆有不可脱卸之责任……当今中国有急需焉,则政治之改良也。故吾近来亦颇注意于世界政治经济之组织及变迁……我辈得良好机会受高深教育者当益有责任心。我辈对于家庭、社会、国家当多担一分责任。"[2]

闻一多不仅写诗、画画,还热衷戏剧。1924年9月,他转学进入纽约艺术学院,住在万国公寓。在这里,他认识了在美国学习戏剧的余上沅、赵太侔、熊佛西等人,他们志趣相投,先后编演了《牛郎织女》《杨贵妃》(又名《长恨歌》)等剧,尤其《杨贵妃》的演出大获成功,万国公寓的赞助人洛克菲勒都携家属前来观看。闻一多备受鼓舞,参与发起"中华戏剧改进社",决心回国后开展"国剧运动",立志献身戏剧事业。在这期间,闻一多诗性不减,写出了《希腊之群岛》《南海之神》《渔阳曲》《七子之歌》《大鼓师》等诗。

《七子之歌》是闻一多爱国诗歌中比较有代表性的一组,创作

---

[1] 闻黎明:《闻一多传》(增订本),人民出版社2016年版,第152页。
[2] 闻铭、王克私编:《闻一多书信选集》,人民文学出版社1986年版,第179—180页。

闻一多舍生取义

于1925年3月，1925年7月4日载于《现代评论》第2卷第30期，后《大江季刊》和《清华周刊》等相继转载。这一组作品用拟人化的手法，把中国当时被列强霸占的澳门、香港、台湾、威海卫、广州湾、九龙和旅顺、大连七地，比作祖国母亲被夺走的七个孩子，让他们来倾诉"失养于祖国、受虐于异类"的悲哀之情，"以抒其孤苦亡告，眷怀祖国之哀忱"，从而让民众从漠然中警醒，振兴中华，收复失地。

澳　门

你可知"妈港"不是我的真名姓？
我离开你的襁褓太久了，母亲！
但是他们掳去的是我的肉体，
你依然保管我内心的灵魂。
那三百年来梦寐不忘的生母啊！
请叫儿的乳名，
叫我一声"澳门"！
母亲！我要回来，母亲！

香　港

我好比凤阙阶前守夜的黄豹，
母亲呀，我身份虽微，地位险要。
如今狞恶的海狮扑在我身上，
啖着我的骨肉，咽着我的脂膏；
母亲呀，我哭泣号啕，呼你不应。
母亲呀，快让我躲入你的怀抱！
母亲！我要回来，母亲！

台　湾

我们是东海捧出的珍珠一串，

琉球是我的群弟，我就是台湾。
我胸中还氤氲着郑氏的英魂，
精忠的赤血点染了我的家传。
母亲，酷炎的夏日要晒死我了，
赐我个号令，我还能背水一战。
母亲！我要回来，母亲！

威 海 卫

再让我看守着中华最古的海，
这边岸上原有圣人的丘陵在。
母亲，莫忘了我是防海的健将，
我有一座刘公岛作我的盾牌。
快救我回来呀，时期已经到了。
我背后葬的尽是圣人的遗骸！
母亲！我要回来，母亲！

广 州 湾

东海和硇州是我的一双管钥，
我是神州后门上的一把铁锁。
你为什么把我借给一个盗贼？
母亲呀，你千万不该抛弃了我！
母亲，让我快回到你的膝前来，
我要紧紧地拥抱着你的脚踝。
母亲！我要回来，母亲！

九 龙 岛

我的胞兄香港在诉他的苦痛，
母亲呀，可记得你的幼女九龙？

自从我下嫁给那镇海的魔王,
我何曾有一天不在泪涛汹涌!
母亲,我天天数着归宁的吉日,
我只怕希望要变作一场空梦。
母亲!我要回来,母亲!

旅　顺、大　连

我们是旅顺、大连,孪生的兄弟。
我们的命运应该如何地比拟?
两个强邻将我来回地蹴蹋,
我们是暴徒脚下的两团烂泥。
母亲,归期到了,快领我们回来。
你不知道儿们如何的想念你!
母亲!我们要回来,母亲!

《七子之歌》每首诗的结尾都发出了"母亲!我要回来,母亲!"的呼号,这是游子对祖国母亲的深深眷恋和热爱,也是作者深沉的赤子情怀的体现。

1999年,为迎接澳门回归祖国,作曲家李海鹰特地将闻一多《七子之歌》中的首篇《七子之歌·澳门》谱曲,先是在中央电视台大型电视专题片《澳门岁月》中作为主题曲播放,后来又在澳门回归的文艺晚会上再度响起,一时间家喻户晓,《七子之歌》唱响神州大地。

在美国留学的这段时期,是闻一多诗歌创作的一个高峰期,他曾在致闻家驷的信中说:"现在春又来了,我的诗料又来了。我将乘此多作些爱国思乡的诗。这些作品若出于至性至情,价值甚高,恐怕比那些无病呻吟的情诗又高些。"[①]

留学美国期间,闻一多还与多位美国诗人有密切的交往,这其中

[①] 闻铭、王克私编:《闻一多书信选集》,人民文学出版社1986年版,第145页。

就有后来成为西南联大教授的诗人罗伯特·温德（Robert Winter）。温德是芝加哥大学的法文副教授，两人初次见面是1922年11月中旬，温德是由在芝加哥大学攻读法文的清华学长张景钺介绍才认识的。

温德十分喜爱东方文化，闻一多称他是有着"中国热"的美国人。他有一个中国大铁磬，喜爱得不得了。晚上睡不着觉，就抱它到床边，敲着它听，像是听音乐。温德没有学过画画，却画了一幅老子像。闻一多第一次拜访温德时，温德就引他看这幅油画，让他猜画的是谁，闻一多毫不犹疑地回答："是老子！"温德的房间里还挂有几

【小贴士】

《七子之歌》中的"七子"

《七子之歌》中的"七子"，是指当时被列强霸占的中国的7块土地，包括：

一、澳门：1557年，葡萄牙在明朝政府官员的同意下，开始租住澳门。1887年，清政府与葡萄牙签署《中葡和好通商条约》，允准葡萄牙人"永居管理"澳门。

二、香港：1842年，第一次鸦片战争中国战败，清政府与英国签订《南京条约》，把香港割让给英国。

三、台湾：1895年根据中日《马关条约》割让给日本。

四、威海卫：1898年被英国强行租占，1930年收复。

五、广州湾：湛江港之旧称。1898年，清政府与法国签订《租借广州湾条约》，为法国侵占。

六、九龙：1860年，英国侵占九龙尖沙咀，1898年又强行租借深圳河以南地区及附近岛屿。

七、旅顺、大连：1898年，清政府与俄国签订《中俄会订条约》，被帝俄租借。1904—1905年日俄战争结束后，旅顺、大连又被日本侵占。

幅印度佛像画，而焚着的香也是中国的、印度的或日本的。

温德虽有欧洲血统，却没有民族偏见，他同情黑人的遭遇，为此与学校发生过冲突，因而他一直想去中国，说在美国待不住。闻一多和张景铖曾联名给清华学校写信推荐他，但是没有成功。不过，闻一多离开芝加哥不久，温德就到了南京，开始在东南大学任教，1925年终于接到清华学校的聘书。1932年闻一多回清华园后，两人相见甚欢，此后一直是同事和亲密的朋友。

闻一多殉难时，温德已提前离开昆明，返回北平，听到噩耗时极为震惊。闻一多的骨灰被带回北平后，家眷去解放区时不便携带，就存放在温德家里，因为他是美国人，特务不敢进去搜查。温德把闻一多的骨灰坛摆在书屋的书架上，伴着朋友，温德度过了黎明前那段最黑暗的日子。

不如让给丑恶来开垦

1925年5月14日，闻一多同余上沅、赵太侔自美国登船归国，于6月1日抵达上海。他们刚下船，就见到了五卅惨案后的景象，"一个个哭丧着脸，恹恹地失去了生气，倒在床上，三个人没有说一句话。在纽约的雄心，此刻已经受过一番挫折"[①]。他们婉言谢绝了朋友邀请留在上海共事的好意，决定去北京实现他们开展国剧运动的愿望。

6月上旬，闻一多回到故乡浠水，沉浸在与父母、妻女朝夕相处的欢乐之中。回国初期，闻一多陆续发表了在美国写下的《醒呀！》《七子之歌》《爱国的心》《洗衣曲》等爱国诗。7月中旬，大江会会刊《大江季刊》创刊，上面登载了闻一多在美国写下的《长城下之哀歌》《我是中国人》《爱国的心》《洗衣曲》等四首诗。在家住了

---

① 闻黎明、侯菊坤编著：《闻一多年谱长编》（上卷），上海交通大学出版社2014年版，第252页。

半月左右，闻一多北上来到北京，与赵太侔、余上沅等人去实现开展国剧运动的约定，他们共同草拟《北京艺术剧院计划大纲》，计划按照自己的设想，在北京开展戏剧活动，推动中国文化发展。这份计划大纲制订详细，从组织框架、剧场建筑、营业方法、进行步骤等四个方面进行了规划，甚至细化到剧场座位及其对应的票价。理想是丰满的，可现实终究卡在了经费上，他们几个人四处奔走，磨破了嘴皮，也没什么收获。

闻一多寄希望于徐志摩，经徐志摩介绍加入了新月社，眼看着经费的事有着落，还曾兴奋地写信告诉兄长闻家騄，"萧君已筹得可靠款项二十万元，拟办一'国民剧场'。萧之专门为音乐，正缺艺术人员，故以得遇弟等为至幸。弟等所拟计划与彼等之计划大同小异，故今日双方皆愿合作。照此看来，剧场事业可庆成功矣"。

不承想，美好的计划变成了一纸空文，国剧事业的计划最后不了了之，闻一多回国时的满腔热情被浇上了一盆凉水。在徐志摩的热心推荐下，闻一多担任了国立美术专门学校的筹备委员，在他和余上沅等人的积极争取下，艺专增设了剧曲、音乐专业。该校改称国立艺术专门学校后，闻一多被聘为教务长。

到艺专担任教职，是闻一多服务教育的开始，他对未来充满信心。学生安娥在《哭忆闻一多师》中回忆道："那天上美术史课的时候，一位年轻的教授穿着长裤子，挟着几本书来了。他一声没有响，坐下来就讲他的书。似乎不是所想象的唯美诗人闻一多，他健康，浓眉，密发，锐亮的眼睛，高鼻子，微黑带赤的面色，讲书的时候，不管学生，声音低而沉静。"但不久，艺专发生人事斗争，教职员出现分化，甚至有传言闻一多想当校长，殊不知，他视富贵如浮云，主动辞职，转身去搞文学创作。

1926年年初，闻一多迁居西京畿道34号，把夫人、女儿接来同住。这里是个四合院，有三间宽敞的房子，闻一多将其中的一间当作客厅，将其装饰得别具特色——墙壁用黑纸糊成一片漆黑，用笔画上

一些人物、车马图形，再在天花板的四周描上一圈金边。徐志摩说："像一个裸体的非洲女子手臂上、脚踝上套着细金圈似的情调……屋子极小，但你在屋里觉不出你的身子大；带金圈上的黑公主有些杀伐气，但她不至于吓瘪你的灵性……不论是一间屋，一身衣服，一瓶花，就有一种激发想象的暗示，就有一种特具的引力。难怪一多家里见天有那些诗人去团聚——我羡慕他！"

闻一多的家成了诗人开沙龙的场所，徐志摩、朱湘、刘梦苇、孙大雨、饶孟侃、杨世恩、朱大枬等人聚在这里讨论、诵读。他们决定办一个诗刊，那时徐志摩刚好担任《晨报》副刊主编，协商后他们便一起创办了《晨报副刊·诗镌》（以下简称《诗镌》），这是一个专门研究新诗的周刊，闻一多既是编辑，也是撰稿人之一，刊头的飞马图案是他的手笔。

《诗镌》虽然只出了11期，但影响很大，他们以此为阵地，掀起了新诗的格律化运动，形成了格律诗派。闻一多提倡诗应该"具有音乐的美，绘画的美，建筑的美；音乐的美指音节，绘画的美指词藻，建筑的美指章句"，主张"节的匀称""句的均齐"。朱自清认为，徐志摩和闻一多是格律诗派的代表。徐志摩还诚恳地说："一多不仅是诗人，他也是最有兴味探讨诗的理论和艺术的一个人。我想这五六年来我们几个写诗的朋友，多少都受到《死水》的作者的影响。我的笔本来是最不受羁勒的一匹野马，看到了一多的谨严的作品，我方才憬悟到我自己的野性。"

《死水》发表于《诗镌》第三期，是闻一多的代表作之一。

    这是一沟绝望的死水，
    清风吹不起半点漪沦！
    不如多扔些破铜烂铁，
    爽性泼你的剩菜残羹。
    也许铜的要绿成翡翠，

铁罐上锈出几瓣桃花;
再让油腻织一层罗绮,
霉菌给他蒸出些云霞:
让死水酵成一沟绿酒,
飘满了珍珠似的白沫;
小珠们笑声变成大珠,
又被偷酒的花蚊咬破。
那么一沟绝望的死水,
也就夸得上几分鲜明。
如果青蛙耐不住寂寞,
又算死水叫出了歌声。
这是一沟绝望的死水,
这里断不是美的所在,
不如让给丑恶来开垦,
看他造出个什么世界。

《死水》体现了格律诗的风格,格式整齐,读起来"悦耳动听,富有音乐气息","以死水象征现代腐败颓废的全中国",在诗坛引起了一定反响。对于《死水》的创作,闻一多是有感而发的。1926年3月12日,日本军舰驶入大沽口,掩护奉系军阀攻打驻守天津的冯玉祥部,冯军开炮击退日本军舰。16日,日、英、美等八国向段祺瑞政府发出最后通牒,提出拆除大沽口炮台的无理要求。这引起了全国民众的极大愤慨,北京、天津两地群众纷纷集会,要求政府发出强烈抗议。3月18日,段祺瑞政府对示威请愿的群众开枪镇压,打死47人,伤200余人,制造了"三一八惨案"。闻一多怀着悲愤的心情写下了《唁词——纪念三月十八日的惨剧》《文艺与爱国——纪念三月十八》。《死水》正是闻一多在回国后看到军阀混战、帝国主义横行,对眼前呈现出的祖国极度失望的心情写照。

闻一多舍生取义

回国后，闻一多迎来了自己创作爱国诗的一个新阶段。与在美国留学时的爱国诗以思乡、思国为主要特点不同，这一时期闻一多的爱国诗的主要特点是对社会问题的关注、对人民疾苦的关心、对帝国主义侵略和民族压迫的反抗。

面对军阀混战、生灵涂炭的祖国，他痛心疾首地写下了《发现》：

> 我来了，我喊一声，迸着血泪，
> "这不是我的中华，不对，不对！"
> 我来了，因为我听见你叫我；
> 鞭着时间的罡风，擎一把火，
> 我来了，不知道是一场空喜。
> 我会见的是噩梦，那里是你？
> 那是恐怖，是噩梦挂着悬崖，
> 那不是你，那不是我的心爱！
> 我追问青天，逼迫八面的风，
> 我问，拳头擂着大地的赤胸，
> 总问不出消息；我哭着叫你，
> 呕出一颗心来，——在我心里！

这一时期的代表作《一句话》，同样充满了对中国黑暗的社会现实的愤怒和对理想"咱们的中国"的渴望：

> 有一句话说出就是祸，
> 有一句话能点得着火，
> 别看五千年没有说破，
> 你猜得透火山的缄默？
> 说不定是突然着了魔，

突然青天里一个霹雳
爆一声：
"咱们的中国！"

这话叫我今天怎样说？
你不信铁树开花也可，
那么有一句话你听着：
等火山忍不住了缄默；
不要发抖，伸舌头，顿脚，
等到青天里一个霹雳
爆一声：
"咱们的中国！"

苦闷的日子

  1926年4月，张作霖和吴佩孚联手将冯玉祥的国民军赶出北京，许多文人难以忍受军阀统治，纷纷南下上海。7月，闻一多送妻女回浠水，小住几日后便只身去往上海，受聘吴淞国立政治大学任教授兼训导长。这个学校的校长张君劢和一帮教师极力宣扬国家主义，该校是国家主义的一个据点。

  这年冬天，闻一多接到长女闻立瑛夭折的消息，他匆匆赶回浠水，悲痛中写下《忘掉她》，倾诉对女儿的爱。安葬爱女后，闻一多难忍悲痛，又写下《也许——葬歌》，悼念女儿：

也许你真是哭得太累，
也许，也许你要睡一睡，
那么叫夜鹰不要咳嗽，

蛙不要号，蝙蝠不要飞。
不许阳光拨你的眼帘，
不许清风刷上你的眉，
无论谁都不能惊醒你，
撑一伞松荫庇护你睡，
也许你听这蚯蚓翻泥，
听这小草的根须吸水，
也许你听这般的音乐，
比那咒骂的人声更美；
那么你先把眼皮闭紧，
我就让你睡，我让你睡，
我把黄土轻轻盖着你，
我叫纸钱儿缓缓的飞。

1927年春节后，闻一多到了武昌，应国民革命军北伐军总政治部主任邓演达邀请，任政治部艺术股股长，兼总政治部英文秘书。因不习惯部队生活，到任一个月即辞职。不久，仍回吴淞国立政治大学。

北伐军进入上海后，蒋介石在上海发动"四一二"反革命政变，不久汪精卫在武汉发动"七一五"反革命政变，原本国共合作的良好形势变得血雨腥风。大批共产党员遭到逮捕、杀害。蒋介石同样不能容忍国家主义，下令封闭吴淞国立政治大学。

闻一多失业后，赋闲在老同学潘光旦家中。他百无聊赖，心情郁闷，"栖栖遑遑不可终日"，以画画、写诗、刻印打发时光，并与饶孟侃合译了诗《我要回海上去》，发表了诗《心跳》《贡献》《荒村》《罪过》《一个观念》等。

同时，闻一多操刀为朋友梁实秋、余上沅、刘英士治印。他在给饶孟侃的信中说："说来真是笑话。绘画本是我的原配夫人，海外归来，逡巡两载，发妻背世，诗升正室。最近又置了一个妙龄的姬人——篆刻是也。似玉精神，如花面貌，亮能宠擅专房，遂使诗夫人顿兴弃扇之悲。"那时，闻一多心情低落，刻章聊以自慰，在这封信中还附了五枚印章的印模，其中为自己刻的那枚是"壮不如人"，边款写着："转瞬而立之年，画则一败涂地，诗亦不成家数，静言思之，此生休矣！因作此印以志恨。"这是他消极悲观心情的流露，当年的踌躇满志，如今的壮志难酬，连工作都成了问题，甚至委身南京土地局当个普通职员，梁实秋都感慨地说："无论如何那总是人地不宜的一个职务。"他心灰意冷，又心有不甘。

闻一多所刻"壮不如人"印章

1927年8月，闻一多在南京获聘第四中山大学①文学院外文系副教授。一年后，他被家乡的大学武汉大学聘为中文系教授兼文学院院长，留美时他心心念念从事中国文学研究，这次终于得偿所愿。他把大部分精力放在中国文学的教学和研究上，潜心研究庄子和杜甫，基本上不再写诗了。这是他人生历程中的一个重大转折，从诗人到学者转变的开始。但好景不长，复杂的人际关系，加上有人利用学生发动学潮，使闻一多成为派系斗争的牺牲品；他发了一张布告，谢绝学校和朋友的挽留，愤然辞职离校。

从武汉大学辞职后，武昌艺术专科学校邀请闻一多到校任教，但他婉言谢绝了校方的好意。1930年6月，闻一多再次来到上海。在这里，他遇见了清华大学文学院杨振声，杨振声此番奉令筹备青岛大学，正在上海延揽教授。在杨振声热情邀请下，闻一多和好友梁实秋先去青岛考察了一趟，青岛给他留下的印象非常好，"天气冬暖夏凉，风光旖旎，而人情尤为淳厚"，他们便接受了青岛大学的聘书。

---
① 今南京大学。

闻一多爽快接过青岛大学的聘书，还有一个原因。那时，一些大学开始设置研究教授，7月14日，清华大学校务会议议决提请聘任委员会聘请闻一多为中文系专任教授，但北平处在阎锡山控制范围之内，"属南京系统的清华大学校长罗家伦难有作为"[1]，闻一多考虑到清华校局不稳，梁实秋也决心到青岛大学任教，便放弃了回母校执教的机会。8月，闻一多带着家眷来到青岛，他担任文学院院长兼中文系主任，而梁实秋则担任图书馆馆长兼外文系主任。在青岛大学，闻一多开设了"中国文学史""唐诗""名著选读"等课程，还在外文系开设英诗课。

1931年暑假，闻一多送夫人高孝贞到武昌分娩后，回到青岛，他全身心地投入中国文学研究。除了授课之外，他潜心唐诗、《楚辞》、《诗经》等研究，废寝忘食。梁实秋到宿舍去看他，看到他的书房中堆满了参考书，"那凌乱的情形使人有如入废墟之感，他屋里最好的一把椅子，是一把老树根雕刻成的太师椅"。得把椅子上的书搬走，才能给梁实秋腾出一个位子。在学生臧克家的眼里，此时的闻一多"从唐诗下手，目不窥园，足不下楼，兀兀穷年，沥尽心血。杜甫晚年，疏懒得'一月不梳头'。闻先生也总是头发凌乱，他是无暇及此。闻一多先生的书桌，任它零乱不堪，众物腾怨，闻先生心不在焉，抱歉地道一声：'秩序不在我的能力以内。'饭，几乎忘记了吃，他贪的是精神食粮；夜间睡得很少，为了研究，他惜寸阴、分阴。'红锡包'香烟，成为不离手的腻友，因它能为他思考问题助兴；深宵灯火是他的伴侣，因它大开光明之路，'澡白了四壁'"[2]。

青岛的生活让闻一多感到很惬意，既能和老朋友一起共事，也能专心从事自己喜欢的工作。但不愉快的事还是找上门来，青岛大学两年内竟发生三次学潮，作为一院之长，终究不能置身事外，不可避免地与学生发生冲突，"这对参加过五四运动、'同情罢考'和三赶校

---

[1] 闻黎明：《闻一多传》（增订本），人民出版社2016年版，第223页。
[2] 臧克家：《臧克家文集》（第4卷），山东文艺出版社1994年版，第238页。

长的闻一多来说，是件很痛苦却又无可奈何的事"①。

1930年11月，学校发现一些学生用假文凭报考，便取消了他们的学籍，这引起了他们的不满。学生们认为已经考取，证明有资格入学，不必拘泥于文凭，由此引发了全校性罢课。教务长张道藩打电话通知警察，同学们罢课失败，近一半的学生被开除。闻一多与学校的立场一致，并不赞成学生罢课，但事后张道藩当众撒谎，把找警察的事说成是"闻一多干的"，同学们的怒火就集中到了闻一多身上。②

1931年九一八事变后，蒋介石奉行不抵抗政策，全国各地掀起了抗日救国热潮。各地学生纷纷到南京请愿，要求政府坚决抵抗日本侵略，青岛的学生强占火车，强迫司机开往南京，造成乱糟糟的局势。国民政府教育部电令各校劝阻学生，青岛大学奉令后，杨振声在学校反日救国会上，告诫学生爱国不应超出学校。闻一多反对学生南下，主张开除带头的学生，在校务会议上慷慨陈词，认为这是"挥泪斩马谡，不得不尔"。结果，学生们不仅反对校长，闻一多也成了众矢之的。其实，闻一多对日本的侵略同样愤恨不已。他刚去青岛大学不久，一个学生在沙滩上与一个日本小孩发生了冲突，结果被日本人打得半死，还被送到警察局；警察局局长不仅对日本人赔笑道歉而且还把中国学生扣押起来，除此之外，还打电话到学校教训了校长一番，提醒校长好好管教学生。闻一多在课堂上听闻此事后，气愤得脸色阴沉，丢下书本，大声说道："中国，中国，难道你已亡了国吗？"

1932年6月，青岛大学又发生了第三次学潮。两个月前，学校公布了《青岛大学学则》，其中一条规定"学生全年学程有三种不及格或必修学程二种不及格者，令其退学"，遭到了学生的激烈反对。为了抵制这条规定，学生成立了"非常学生自治会"，并于6月16日向学校提出五项正式要求，其中包括图书馆购书问题，称学校只买"新月派"的书籍，"新月派包办青大"，闻一多和梁实秋因此遭到反对。

---

① 闻黎明：《闻一多传》（增订本），人民出版社2016年版，第229页。
② 闻立雕：《红烛：我的父亲闻一多》，新华出版社2009年版，第81页。

学校中反对闻一多的空气紧张了起来。此前杨振声赴南京索要教育经费未果，提出辞职后去了北平，闻一多受教师委托赴北平挽留，有人竟说他逃到北平。

他把得意弟子陈梦家[1]招为助教一事，也引来"滥用私人"的非议。闻一多在给朋友饶孟侃的信中悲观地说："我现在只求能在这里教书混碗饭吃，院长无论如何不干了"，杨振声也同意他辞去院长一职。尽管如此，学生们并不满足于此，发表《驱闻宣言》，列举闻一多的四大"罪状"，攻击他是"法西斯主义者"，非要把他驱逐出校不可。[2]此后，学校开除了9名领头学生。校务会议也批准闻一多辞职。但学生们认为学校并未完全答复此前提出的要求，坚持罢课。学潮进一步扩大，他们威胁休学一年，校务会议竟然同意210名学生休学，更加激化了矛盾。学生否认杨振声为校长，驱逐教务长赵太侔、图书馆馆长梁实秋。杨振声向教育部请辞，学校陷于无人管理的状态。

7月3日，教育部电令解散青岛大学。闻一多下了离开青岛大学的决心，此刻的心情，沮丧到了极点。"从主观上说他是想把学校办好，但他对国家危急的形势缺乏根本的解决办法，立场上站在国民党政府一边，因此成为爱国学生的对立面。直到十多年后，他才用自己的行动否定了自己这一段历史"[3]。

重返清华园

1932年8月，闻一多回到离别10年的清华园，应聘为清华大学[4]中国文学系教授。学校原本邀请他担任系主任，但有武汉大学、青岛大

---

[1] 抗战爆发后，陈梦家由闻一多推荐，到西南联大任教，后成为我国著名古文字学家、考古学家、诗人。
[2] 闻立雕：《红烛：我的父亲闻一多》，新华出版社2009年版，第82页。
[3] 闻黎明：《闻一多传》（增订本），人民出版社2016年版，第235页。
[4] 1925年，清华学校改为清华大学。

学的不愉快经历,他决定"以后不再做这一类的事了"。从1925年夏天回国到1932年夏天,在这7年中,他的工作变动了7次,生活极不稳定,又时常遭到排斥、反对,这是他一生中最郁闷的7年,给他留下了"痛苦的记忆",提起来就"伤痛得流泪"。再次回到清华园,这里的一草一木,他都是那么地熟悉,这里留下了他太多成长的足迹,勾起了他太多回忆。他决定回到清华园后埋头教学、搞研究。从此,闻一多再也没有离开清华。

闻一多回到清华后,全身心投入教学和研究。由于多年碰壁,他只有钻进故纸堆去寻求慰藉。另外,他还憋了一口气,想要做出一点成绩。那时清华中文系有教职员13人,连他在内,教授还有朱自清、俞平伯、陈寅恪、杨树达、刘文典。其中,只有他出身清华,又不是中文系毕业,他的国学根底主要还是在家里打下的。

他在给朋友饶孟侃的信中诉说自己内心的痛苦。"我近来最痛苦的是发现了自己的缺陷,一种最根本的缺陷——不能适应环境。因为这样,向外发展的路既走不通,我就不能不转向内走。在这向内走的路上,我却得着一个大安慰,因为我实证来了自己在这向内的路上,很有发展的希望。因为不能向外走而逼得我向内的路走通了,这也可说是塞翁失马,是福而非祸。"

闻一多所谓的"向内发展"共计划了8项工作:一是编写《毛诗字典》,也就是将《诗经》拆散,编成一部字典,注明每字的古音古义古形体,说明其造字由来,在句中的释义。他告诉朋友饶孟侃,此项工作已经进行了1年,预计完成至少需要5年时间。二是进行《楚辞校译》,"希望成为最翔实的《楚辞》注",此项工作已完成2/3,预计2年后完工。三是校勘《全唐诗》,校正原书的误字。四是补编《全唐诗》,收罗《全唐诗》未收的唐诗。五是《全唐诗人小传订补》,计划"订其讹误,补其缺略"。还有考证全唐诗人生卒年、新注《杜诗》、撰写杜甫传记等3项工作。

这些工作都是"大工程",正如他自己所说,第三至第八项工作

已进行了3年，"至于何时完工，却说不定。近来身体极坏。一个人在失眠与胃病夹攻之中，实在说不定还能活多久。以上的工作规模那样大，也许永无成功的希望"。随着时间的推移，他钻故纸堆越钻越深，成就越来越大，成为功底扎实、享誉海内外的著名学者。①冯友兰回忆说："到清华以后，先七八年，拿定主意，专心致力研究工作。他的学问也就在这个时期，达到成熟阶段。在战前，有一次叶公超先生与我谈起当代文人，我们都同意，由学西洋文学而转入中国文学，一多是当时的唯一底成功者。"

那几年，闻一多还把自己的研究成果反哺教学，开设了"诗经""楚辞""杜诗""国学要籍""唐诗""中国古代神话研究"等课程。

因为讲的都是自己的研究心得和成果，他的课给同学们留下了深刻的印象。有个同学写道："讲《诗经》《楚辞》是决和那些腐儒不一样的。《诗经》虽老，一经闻先生讲说，就会肥白粉嫩地跳舞了；《楚辞》虽旧，一经闻先生解过，就会五色斑斓地鲜明了。"学生王瑶对闻一多讲授《诗经》的场景，过了半个世纪还记忆犹新："譬如他讲《诗经》中的风诗是爱情诗，就从'風'字的古义讲起，说'風'字从虫，'虫'就是《书经·仲虺之诰》中的'虺'字的原字，即蛇……他援引了许多的史实以及后来的演变，妙语迭出，十分生动。"②

他故意将"楚辞"课调到傍晚，当电灯亮起，闻一多留着浓黑的黑发、戴着银边眼镜、穿着黑色长衫，抱着数年来研究所得的手抄稿本昂然走进教室。等大家坐定，他并不立即开讲，而是慢条斯理地掏出纸烟，绅士般地笑着问大家："哪位吸？"学生们笑了，自然没有人接受老师的礼让。他点燃火柴吸了一支，"像念'坐场诗'一样"，唱起"痛——饮——酒——，熟读——离——骚——，方得为

---

① 闻立雕：《红烛：我的父亲闻一多》，新华出版社2009年版，第87页。
② 季镇淮主编：《闻一多研究四十年》，清华大学出版社1988年版，第132页。

真——名——士！"①

在清华园平静的5年时光里，闻一多由唐诗研究，进而上溯先秦汉魏六朝诗，特别致力于《诗经》《楚辞》的研究。因为研究先秦古籍的需要，又拓展至古文字甲骨文、钟鼎文的研究，他的学术成果累累，他的研究达到了炉火纯青的程度，"完成了从一个著名诗人到一个博古通今的著名学者的过渡"②。

正如郭沫若评价的那样，他"对于文化遗产的整理工作，内容很广泛，但他所致力的对象是秦以前和唐代的诗与诗人。关于秦以前的东西除掉一部分的神话传说的再建之外，他对于《周易》《诗经》《庄子》《楚辞》这四种古籍，实实在在下了惊人的很大的功夫。就他所已完成的而言，我自己是这样感觉着，他那眼光的犀利，考索的赅博，立说的新颖而翔实，不仅是前无古人，恐怕还要后无来者的"。

当然，闻一多并非两耳不闻窗外事。"一二·九"运动爆发后，他偶尔也会谈论当时轰轰烈烈的学生抗日救亡运动，对学生深表同情。西安事变后，他"打破了历来讲堂上不胡扯瞎谈的板正态度"，对着学生发一通议论；他没料到西安事变会和平解决，多年后提到这件事，对共产党赞不绝口，赞扬说："像这样大敌当前，能捐前嫌，顾大体，这只有共产党才做得到啊！"

---

① 王达津：《古典文学研究丛稿》，巴蜀书社1987年版，第203页。
② 闻立雕：《红烛：我的父亲闻一多》，新华出版社2009年版，第88页。

该认识认识祖国了

全面抗战爆发前,闻一多作为知名的诗人和学者,在国内多所高校任教;研究学问之余,也关心国家大事。自"九一八"以来,中华民族的危机不断加深,中日矛盾上升为主要矛盾,1935年华北自治运动,更是把中华民族推入到危险的境地。在清华大学任教的闻一多,对局势的发展忧心忡忡。

时局的发展并没有朝着人们期望的和平发展。全面抗日战争的爆发给闻一多的生活带来了巨大的变化,他不再只埋头于故纸堆中,而是迈开大步走进人民当中,并发现了人民的力量,这为他最后走上为民请命的道路奠定了基础。

抗战初期的触动

北京的夏天,除了几天是少有的暴热,气温都很平和,特别是在清华园那些绿荫覆盖下的书斋里,更不易感受到夏日炎炎。清华新南院72号小院郁郁葱葱,竹影婆娑,分外幽静,这是闻一多一生最佳的居所。入夏以后,他正兴致浓浓地钻研着新收到的一些甲骨文的拓片和照片,整个身心都沉浸在古字的诠释与考证之中。1937年7月7日这天夜里,校园里熄灯的钟声虽早已敲过,闻一多照例伏在自己的书桌上。微风拂着窗纱,不时掀起桌上的书页,怀表的声音也分外清晰,校园外的村落里偶尔有几声犬吠，一切是那么宁静。

突然，远处传来骇人的声音，枪声、炮声，由稀落而急骤，持续许久没有停息。那天晚上，闻一多和清华园里听到炮声的大多数人一样，以为这又是城郊某处在搞"军事演习"。然而，短短几日，战争局势已迫在眉睫，各种渠道传来的消息让闻一多焦头烂额。势态究竟发展到了什么地步，谁也没有可靠的消息。暑假开始时，夫人高孝贞带着长子立鹤、次子立雕回湖北省亲，家里只有闻一多和三子立鹏、女儿闻铭①、闻翺。

闻一多与全家在武昌的家门前留影

---

① 又名闻名。

闻一多舍生取义

战争之初，闻一多以为局势会像往常一样，经过调停，不久就能平定。但炮声隆隆的北平实在让人心神不宁，此时闻一多原先已获准休假一年，于是他决定带领孩子们离开北平，南下暂时避难。他本以为一个月左右，战事就能见分晓，却没料到这一去就再也没有机会踏进这座清幽的小院了。临行前，闻一多把家中贵重钱财和夫人陪嫁的首饰统统留在清华园，委托保姆赵妈的丈夫照管，自己仅仅带了《三代吉金文存》和《殷墟书契前编》两部书，便携立鹏、闻铭、闻翱三个孩子和保姆赵妈，踏上了开往南京的列车。

在火车站，闻一多遇到了学生臧克家。臧克家问："闻先生，那些书籍呢？"闻一多回答道："国家的土地一大片一大片地丢掉，几本破书算得了什么？"

到南京后，他们沿长江逆流而上，来到了武汉。8月13日，淞沪会战打响，中日战争紧张态势进一步扩大。8月19日，国民政府教育部在南京举行会议，讨论在长沙设立临时大学组织筹备委员会事宜。8月28日，教育部高等教育司分别发函给北大、清华、南开三校，指定张伯苓、梅贻琦、蒋梦麟为长沙临时大学筹备委员会常务委员，杨振声为长沙临时大学筹备委员会秘书，胡适、周炳琳、傅斯年、朱经农、皮宗石、顾毓琇任筹备委员。

鉴于一些教授难以随校南下，清华大学教师不够，学校希望闻一多能暂缓休假，他爽快地答应了。10月23日，闻一多来到长沙，接着赶往暂设在南岳的长沙临时大学文学院教书。在这里，闻一多开的"诗经""楚辞"等课程，是文学院最受欢迎的。他站在教育的立场上，认为一个大学生的价值远高于一个普通士兵，所以学生报国应当是从事更艰深的工作。因此，在第一次上课时，闻一多对学生说："看来这次抗战，不是短期间可以获胜的，救国要有分工，直接参加抗战，固然很需要，学习本领，积蓄力量，为将来的抗战和建国献身也很必要。各人可以根据自己的身体条件和志趣，迅速决定去留。留下来就要安心学习，不安心学习是不好的。"他告诫学生安心读书，读书和直接抗战都是爱国。当时,一些教授也曾等候过政府征调但久久没有音讯,有的人去武昌投效却败兴而归,只得安心教书。

文学院所在的南岳十分偏僻,报纸要两三天以后才能看到,"世界注意不到我们,我们也就渐渐不大注意世界了,于是在有规则性的上课与逛山的日程中,大家的生活又慢慢安定下来"①。那时教授们和一般人一样,只有战争刚爆发时的紧张和愤慨,没有人想到战争是否可以胜利,对抗战形势还没有特别深刻的认识。闻一多在后来的回忆中说:"抗战对中国社会的影响,那时还不甚显著,人们对蒋介石的崇拜与信任,几乎是没有限度的。在没有读到史诺的《西行漫记》一类书的时候,大家并不知道抗战是怎样起来的,只觉得那真是由于一个英勇刚毅的领导……"②

12月13日,南京沦陷,武汉告急,日机频繁空袭长沙。身处南岳的闻一多更加担忧起家人的安危和国家的前途。不久,长沙临时大学经过慎重考虑,打算西迁昆明。

1938年1月2日,在南岳的文学院计划搬回长沙,与临时大学校本部会合,一起西迁昆明。3日晚,闻一多回到武汉家中,之后,见到顾毓琇。当时顾毓琇从长沙临时大学被征调到国民政府教育部担任次长,本想邀请闻一多在战时教育问题研究委员会工作,闻一多谢绝了他的美意,说"今生不愿做官,也不愿离开清华",还说"各人志趣不同,大家都为了抗战,在哪里都一样"。顾毓琇没有放弃争取闻一多,在武汉邀请了很多清华同学吃饭,实则是想让他们做闻一多的思想工作而已。闻一多"被包围了一晚上,还是没答应"。

这时的闻一多并不想涉入官场,也不想与党派发生关系,而是坚定地选择了教育救国的学术之路。

---

①② 闻一多:《八年的回忆与感想》,载西南联大《除夕副刊》主编《联大八年》,新星出版社2010年版,第7页。

湘黔滇旅行团

闻一多从武汉回到长沙，打算随长沙临时大学西迁昆明。闻一多的夫人高孝贞带着几个孩子，又值战争爆发，十分不易。她希望闻一多能接受教育研究委员会的邀请，留在武汉任职，但闻一多不愿从政，两个人发生了一些分歧。由此，闻一多只身离家，到了长沙。

到了长沙后，闻一多写信告诉夫人，学生将由公路入滇，教职员均取道中国香港、越南海防去滇。经长沙临时大学举行常委会讨论通过，临时大学分三路入滇：一路沿粤汉铁路至广州、香港，乘船至越南海防，转滇越铁路到昆明；一路沿湘桂公路经桂林、柳州至南宁，再经越南转滇越铁路到昆明；一路组成湘黔滇旅行团，徒步横越湘黔

长沙临大湘黔滇旅行团辅导团成员合影。右起毛应斗、吴征镒、曾昭抡、袁复礼、闻一多、黄钰生、许维遹、李继侗、郭海峰、李嘉言（缺王钟山）

滇三省进入昆明。闻一多决定同学生一起步行。

出发前,有的同学担心闻一多经不住长途跋涉,劝他不要受这个罪,他安慰同学们说:"前方在浴血抗战,许多人献出宝贵的生命,我们在后方,吃些苦怕什么?我的身体还可以,保证能走到昆明,你们不必担心。"

他认为,屈原能写出那些爱国爱民的诗篇,跟屈原大半生被流放、熟悉民间疾苦密不可分。他态度坚决地说:"国难期间,走几千里路算不了受罪,再者我在15岁以前,受着古老家庭的束缚,以后在清华读书,出国留学,回国后一直在各大城市教书,过的是假洋鬼子的生活,和广大的农村隔绝了。虽然是一个中国人,而对于中国社会及人民生活,知道的很少,真是醉生梦死呀!现在应该认识认识祖国了!"对湘黔滇旅行团的情况,吴征镒记述道:

> 湘黔滇旅行团中,共有11位自愿随团步行的教师带队,湖南省主席张治中委派了军委会参议黄师岳中将担任湘黔滇旅行团团长。此行,除去途中休息、天气阻滞及以身车代步外,实际步行40天,每天平均步行约65里。①

1938年2月19日下午5时,湘黔滇旅行团在长沙临时大学租用的圣经学院操场举行开拔仪式,湖南省政府秘书长陶履谦代表张治中致欢送词,黄师岳带领大家呼口号。仪式结束后,着戎装的教官们率领团员出发。团员们身着军装,打着绑腿,佩戴湘黔滇旅行团臂章,背着水壶、干粮袋、搪瓷饭碗和雨伞,踏上了西行之路。

在湖南桃花源,旅行团途经陶渊明在《桃花源记》中写到的"秦人古洞"。闻一多兴致勃勃地带领大家去参观这个有名的古迹。时值初春,还看不见"落英缤纷"的景象,但这里山清水秀、绿树掩映,

---

① 吴征镒:《长征日记》,载西南联大《除夕副刊》主编《联大八年》,新星出版社2010年版,第17页。

让人心旷神怡。闻一多东瞧瞧、西看看，很高兴，但得知附近的几户农民都是佃户，生活很艰苦，春节一过，就没有粮食吃，小孩失学在家，穿着破破烂烂，面黄肌瘦，就像乞丐一样围着大家要吃的，这让他很难过。更令人心酸的是，大家亲眼看到了抓壮丁的一幕。有一个农民，为了躲避抓壮丁，在外地东躲西藏了好几天，原以为已躲过一劫，刚偷偷跑回家，就被保长派人捆绑而抓走。

闻一多看到这种场景，脸色大变，心情很沉重。他感慨地说："在来农村之前，总以为农村生活简易，风俗比较淳朴……不像城市那样，满目尽是丑恶的现实。"①那一天的经历，让闻一多真真切切地看到、感受到《桃花源记》不过是乌托邦式的幻想，以前期待在农村当一个田园诗人，也仅仅是一种乌托邦式的幻想。他鼓励同学们，要有"天下兴亡，匹夫有责"的精神，做到"先天下之忧而忧，后天下之乐而乐"，努力去改造中国社会。

3月6日，狂风暴雨不止，旅行团在风雨中步行20里到沅陵县，住宿在辰阳驿。闻一多写了一封信给父母，在信中叙述了湘黔滇旅行团行路的艰辛。信中说道：

> 第四日最疲乏，路途亦最远，故颇感辛苦，此后则渐成习惯，不觉其难矣。如此继续步行六日之经验，以男等体力，在平时实不堪想象，然而竟能完成，今而后乃知"事非经过不知易"矣。至途中饮食起居，尤多此生从未尝过之滋味，每日六时起床（实则无床可起），时天未甚亮，草草盥漱，即进早餐，在不能下咽之状况下必须吞干饭两碗，因在晚七时晚餐时间前，终日无饭吃，仅中途约正午前后打尖一次而已。所谓打尖者，行军者在中途作大休息，用干粮、饮水是也。至投宿经验，尤为别致，六日来惟今日至沅陵有旅馆可住，前五日皆在农舍地上铺稻草过

---

① 陈登亿：《回忆闻一多师在湘黔滇路上》，载王子光、王康编《闻一多纪念文集》，生活·读书·新知三联书店1980年版，第277页。

宿，往往与鸡鸭犬豕同堂而卧。在沅陵或可休息三日，从此更西往芷江或有汽车可坐，然亦无十分把握。①

旅行团每天行几十里路，虽然很辛苦，但闻一多坚持了下来。一路上，他被祖国壮丽的河山所震撼，沿途创作了不少速写，了解了沿路少数民族的风俗习惯、服装、语言和名胜古迹。经过湘西时，他不顾旅途劳顿，一到宿营地就带着几个年轻的学生走家串户，采风问俗。在破旧的村舍里，常常有他与乡亲们促膝长谈的身影。

在这里，闻一多不仅调查了苗族的语言、民俗、民谣、神话，也目睹了湘西百姓的生活。原本物产丰饶的湘西，在国民党的统治下，土匪肆意横行，百姓困苦不堪。湘西老百姓终年靠粗米、苞谷、野菜、盐水度日，但即使这样艰难，热情淳朴的当地百姓还要千方百计地切一盘姜丝，或煮一碗豌豆来款待旅行团的师生们。这些衣衫褴褛却心地善良的老百姓，让闻一多终生难忘。②

一路上，闻一多特别关爱学生。在行军过程中，条件特别艰难，很多时候大家睡在阴冷潮湿的地上，地面只铺着一层薄薄的稻草，旅行团中一名叫何善周的同学感冒，一连多日高烧不退。大家让他躺在装满行李的车顶上，卡车拖着他半睡半醒地前进。到湖南与贵州交界的晃县时，他的病情进一步加重，高烧到了40摄氏度，人也陷入昏迷状态。闻一多听到这个消息后赶来，坚持派人护送何善周到贵阳及时医治。后来这位学生回忆：

傍晚时候，模模糊糊地听见人声嘈杂，我意识到大队已经到了。这时，猝然觉得一只冰冷的手掌放在我的额上，凉气一激，我微微睁开了眼睛，灯影里看见一双闪着亮光的眼睛正看着我，慈祥中带着焦急的神情，原来是闻先生！他的手抚在我的前

---

① 闻铭、王克私编：《闻一多书信选集》，人民文学出版社1986年版，第282页。
② 马学良：《素园集》，中国民间文艺出版社1989年版，第197—198页。

额上久久没有拿开。我完全清醒过来，两行眼泪流到了我的耳边。在闻先生的极力建议下，团里派了内科主任袁医师，买票乘车护送我到贵阳去，经过治疗，半个月后才痊愈。①

进入贵州境内，放眼望去遍地是山，且时常下雨，土地贫瘠，本地谚语"天无三日晴，地无三尺平，人无三分银"，形容得恰如其分。人民如此贫苦，但贵州的地方当局却强迫人们饿着肚子种大烟，路两边到处都是罂粟花。这让旅行团的师生们感到气愤，同时心情沉重。沿途的人民看着旅行团的"洋学生"，觉得特别新奇，也怀有戒心。但发现这些路过的陌生人说话和气，买卖公平，还将一部分饭菜送给穷人，这些本地人才逐渐敢和师生们接近。

当地的农民向旅行团的师生讲述红军纪律严明，官兵平等，不拉夫，不抓壮丁，秋毫无犯，开仓济贫，助民劳动等故事。一个农民骄傲地回忆自己见到毛主席、朱总司令的场景，说毛主席、朱总司令穿着和红军战士一样的军装，说话和气；接着又说起他的儿子不久前被抓了壮丁，提起这件事，这位朴实的农民一脸气愤，后悔没能让儿子早点参加红军。闻一多听了关于红军的故事，指着一旁石碑上的"万古流芳"四个字，若有所思地说，这就是"口碑"。

旅行团出发前，长沙临大学生刘兆吉想起了不久前闻先生在"诗经"课上讲过："有价值的诗歌，不一定在书本里，很多是在人民的口里，希望大家到民间找去！"于是，他萌生了沿途采集山歌的想法。当他把这个打算告诉老师后，闻一多十分支持，并爽快地答应做此次民歌搜集活动的导师。一路上的师生交流，让刘兆吉终生难忘。2001年，已是88岁高龄的刘兆吉还能清楚地记起当年闻先生和他在途中讨论歌谣的情景：

---

① 何善周：《千古英烈万世师表》，载王子光、王康编《闻一多纪念文集》，生活·读书·新知三联书店1980年版，第254页。

在两个多月、三千五百里路程中，我尽量争取机会向他请教。晚上在沿途山村农舍临时住宿地，与他讨论搜集的民歌。闻先生和学生们同样席地而坐，在菜油灯下……高兴地审阅我搜集到的民歌。有时捋须大笑，赞不绝口。老师的期望和鼓励，使我干劲更大。

旅行团达到云南沾益后，刘兆吉从一座破庙的墙壁上抄了一首民谣："田里大麦青又青，庄主提枪敲穷人，庄主仰仗蒋司令，穷人只盼老红军。"他将抄好的民谣拿给闻一多看时，闻一多兴奋地说："这才是人民的心声呀！红军受人民的爱戴，由此可知。"在行军结束后，刘兆吉在他沿途采集的2000多首各类歌谣基础上，精心挑选出771首歌谣，汇编成为《西南采风录》。出版前，他请闻一多写序，闻先生欣然同意。

整篇序文慷慨激昂，正义凛然，饱含忧国忧民之情。闻一多还在序中夸赞刘兆吉的"毅力实在令人钦佩"，他也趁此机会，在序言里向那些散布悲观论调的败北主义者们发出了怒吼：

我们文明得太久了，如今人家逼得我们没有路走，我们该拿出人性中最后，最神圣的一张牌来，让我们那在人性的幽暗角落里蛰伏了数千年的兽性跳出来反噬他一口。打仗本不是一种文明姿态，当不起什么"正义感""自尊心""为国家争人格"一类的奉承，干脆的是人家要我们的命，我们是豁出去了，是困兽犹斗。如今是千载一时的机会，给我们试验自己血中是否还有着那只狰狞的动物，如果没有，只好自认是个精神上"天阉"的民族，休想在这地面上混下去了。感谢上苍，在前方姚子青、八百壮士，每个在大地上或天空中粉身碎骨了的男儿，在后方几万万以"睡到半夜钢刀响"为乐的"庄稼老粗汉"，已经保证了我们不是"天阉"！如果我们是一个乐观主义者，我的根据就只这一

点。我们能战，我们渴望一战而得到一战为至上的愉快。至于胜利，那是多么泄气的事，胜利到了手，不是搏斗的愉快也得终止，"快刀"又得"生黄锈"了吗？还好，还好！四千年的文化，没有把我们都变成"白脸斯文人"！①

【小贴士】

《西南采风录》

《西南采风录》是由湘黔滇旅行团成员刘兆吉采集汇编而成。刘兆吉当时是南开大学哲学教育学系三年级学生。在迁滇路上，刘兆吉在闻一多的指导下，深入田间地头、民族村寨，采集到沿途各民族的民歌民谣2000余首，筛选了其中的700余首汇编成《西南采风录》，闻一多、朱自清分别作序，1946年由商务印书馆出版。全书分为情歌、儿童歌谣、抗日歌谣、采茶歌、民怨、杂类等。

旅行团所到之处，当地人民都尽可能地提供支持和帮助：贵州玉屏的民众把房屋腾让出来、打扫干净，欢迎旅行团师生入住；炉山县（今凯里市）政府为旅行团举行了一次汉苗联欢会，少数民族群众吹起芦笙跳起舞，大家也跟着载歌载舞，一起联欢；云南平彝县（今富源县）专门派保安队到贵州、云南交界的亦资孔迎接师生们；沾益的地保挨家叮嘱当地的商店不要哄抬物价；马龙县早早地准备好住宿地点，等待旅行团的到来。旅行团一路上积极开展抗日宣传，激起了民众的爱国热情。为庆祝台儿庄大捷，师生们在安南县举行了游行大会，人们敬佩这些肩负保存民族文化命脉使命的远方来客，也深深被他们克服重重困难、徒步前行的毅力所感动。

1938年4月27日下午，旅行团抵达昆明东郊大板桥。这时，闻一多和李继侗的脸上不知不觉竟已蓄起美髯，两人相约，抗战一日不胜

---

① 闻一多：《现代大师经典系列：闻一多作品集》，现代出版社2018年版，第326页。

利，一日不剃，结果这一留就留了8年，也传为一段佳话。28日，旅行团出发至昆明城，这是最后一段路程，大家精神饱满，鼓足了劲头，一小时就到了昆明城下，由东门入城。先期到达的师生来到了拓东路欢迎，北大校长蒋梦麟、清华校长梅贻琦和其他几位负责人也前来迎接，几位教授夫人还献了花篮。旅行团的到来也受到了昆明市民的热烈欢迎。迎接仪式后，旅行团师生们来到圆通山集中，梅贻琦先生致欢迎词。

至此，湘黔滇旅行团行程胜利结束，历时68天，横跨湖南、贵州、云南三省。在这段1600余公里的旅途中，自始至终坚持走下来的

西南联大负责人与旅行团团长、参谋长、大队长，教师辅导团及随团医生等合影。前排左起：黄钰生、李继侗、蒋梦麟、黄师岳、梅贻琦、杨振声、潘光旦；中排左起：李嘉言、毛鸿、卓越、许维遹、闻一多、总务负责人、副医官；后排左起：吴征镒、徐行敏、邹镇华、杨石先、袁复礼、沈履、曾贻抡、郭海峰、护士、毛应斗

教授只有闻一多、李继侗、曾昭抡三人。在长沙出发前，好友杨振声曾打趣闻一多说："一多加入旅行团，应该带一具棺材走。"当他们在昆明相逢时，闻一多笑着说："假使这次我真带了棺材，现在就可以送给你了。"

湘黔滇旅行团之行，使闻一多感受到了全国人民上下一心、团结抗日的决心。最重要的是一路走来，他看到了人民生活的艰苦和贫困、文化的落后，通过接触人民，回到了人民当中，发现了人民的力量。这为他最后走上为民请命的道路奠定了经验基础。

完成了这次壮举，闻一多很自豪地给夫人写了一封信，在信中，他把一路走来的步行、食宿等情况做了介绍；并告诉夫人他得到了一次锻炼，身体比以前更好了，"现在是满面红光，能吃能睡，走起路来，举步如飞"，还留了一副极漂亮的胡须。另外，他还告诉夫人，因为房屋尚未修理好，在昆明顶多待3天就会随文法学院搬到蒙自。

蒙自百日

在闻一多入滇期间，长沙临时大学已奉教育部令改称为国立西南联合大学。由于校舍不足，学校决定将文学院和法商学院设在蒙自办学。1938年5月4日，闻一多乘火车从昆明抵达蒙自县城，开始了在蒙自三个月的短暂生活。

蒙自处在中越边境河口镇和省城昆明之间，自古以来便是东南物资的重要集散地。清光绪年间，云南的第一个海关在蒙自设立，一时间，领事馆、医院、银行、洋行等各类"洋建筑"在这里如雨后春笋般兴建起来。

然而，近代文明的注入似乎没有给这座偏远小城的人们带来多少触动，1910年法国殖民主义者修建的滇越铁路原本要穿过蒙自县城，但因当地民众的强烈抵制而只好绕道碧色寨。因此，从昆明到蒙自十分不便,需要先乘火车到开远,再转车至碧色寨,才能到蒙自,全程耗费一两天,导致蒙自的领事馆、洋行等纷纷关闭,渐渐失去了往日的活力。

现在,300多名学生和几十位教师涌入这座小城,给蒙自带来不少热闹,也逐渐改变了当地落后的社会风气。

在时局动荡的大环境下,蒙自可以说是相当的安宁。闻一多抓住这一难得的机会,很快就进入了紧张的学术研究状态,他在给友人张秉新的信中写道:"蒙自环境不恶,书籍亦可敷用,近方整理诗经旧稿,素性积极,对国家前途只抱乐观,前方一时受挫,不足使我气沮,因而坐废其学问上之努力也。"[1]

歌胪士洋行的二层楼上的小房间,是闻一多在蒙自的住所。他的邻居有陈寅恪、郑天挺、刘文典、朱自清、陈岱孙、陈序经、浦薛凤。房内摆设非常简陋,只有一张板床、一张书桌、一把木椅、一盏油灯,仅此而已。到了蒙自,闻一多便一头钻进这间教员宿舍,按照研究计划,埋头从事研究工作。除了上课、吃饭,他整天在楼上工作,几乎不下楼。每天晚饭后,同事们都到南湖沐风赏景,只有他独自沉醉在《诗经》《楚辞》的华章之中。郑天挺见他如此,劝他说"何妨一下楼"呢?大家笑了起来,"于是成了闻先生一个典故、一个雅号——'何妨一下楼主人',犹之古人不窥园一样,是形容他的读书专精"[2]。不久,"何妨一下楼主人"的雅号就传开了。

其实,这位"何妨一下楼主人",虽然蛰居斗室,足不出户,却始终忧国忧民,时刻关心着抗战的局势。到蒙自时,抗战前线状况实在不佳,但闻一多对抗战始终持乐观态度。在给胞弟闻家驷(联大外国文学系法国文学教授)的信中说:"对于抗战,兄向抱乐观,暂时忍此痛苦,不久即可重见天日也。"[3]

---

[1] 闻铭、王克私编:《闻一多书信选集》,人民文学出版社1986年版,第297页。
[2] 闻黎明、侯菊坤编著:《闻一多年谱长编》(下卷),上海交通大学出版社2014年版,第554页。
[3] 闻铭、王克私编:《闻一多书信选集》,人民文学出版社1986年版,第292页。

闻一多舍生取义

让闻一多觉得最难以忍受的，是每天吃饭的时候。他说："在蒙自，吃饭对于我是一件大苦差事。第一，我吃菜吃得咸，而云南的菜淡得可怕，叫厨工每餐饭准备一点盐，他每每又忘记，我也懒得多麻烦，于是天天只有忍痛吃淡菜。第二，同桌是一群著名的败北主义者，每到吃饭时必大发其败北主义的理论，指着报纸，得意扬扬说：'我说了要败，你看罢！现在怎么样？'他们人多势众，和他们辩论是无用的。这样，每次吃饭对于我简直是活受罪。"①

这位爱国学者在繁忙的学术研究和教学工作之余，欣然承担了西南联大第一个文学社团——南湖诗社的指导工作。谈到南湖诗社，还得从湘黔滇旅行团入滇道路上说起。入滇路上，学生刘兆吉在闻一多指导下，承担了采集民间歌谣的任务，并与同学向长清一起写作、讨论诗词。途中，两人商量计划成立一个诗社，邀请闻一多当导师。到蒙自后，刘兆吉和向长清一起拜访了闻一多，同时想到朱自清教授也在蒙自分校，因而也请他为指导教师，两位教授欣然同意。在闻一多和朱自清的鼓舞和指导下，诗社很快就成立起来，因大家十分喜爱蒙自南湖，遂取名"南湖诗社"。

南湖诗社成立后，社员写好诗歌，交给负责人刘兆吉或向长清，再经过他们编排为壁报，张贴在校舍的墙上。每次刊出都吸引了不少师生驻足观看。"我们选了一部分给闻、朱两位指导教师过目，他俩也称赞是好诗。"②后来，文法学院迁往昆明，南湖诗社也自然结束了，但社员们继续活跃在联大的各类文艺团体中，成为骨干力量。南湖诗社的不少社员，如查良铮（穆旦）、赵瑞蕻、刘绶松、周定一等，后来都成为诗坛享有盛名的文学家。三个多月后，联大在昆明西北郊修建的新校舍落成，蒙自的文学院、法商学院决定迁回昆明。

---

① 闻一多：《八年的回忆与感想》，载西南联大《除夕副刊》主编《联大八年》，新星出版社2010年版，第9页。

② 闻黎明、侯菊坤编著：《闻一多年谱长编》（下卷），上海交通大学出版社2014年版，第551页。

战时昆明的生活

　　1938年7月，蒙自分校还未结业，闻一多便提前来到昆明，为的是找好房子，迎接妻儿的到来。昆明虽是异乡，人生地不熟，但在陈梦家和徐嘉瑞的帮助下，闻一多很快在小西门内福寿巷3号租到了几间房子。8月，因家人都在贵阳，闻一多便前去贵阳讲学一个月。9月初，闻一多带着全家8口人回到昆明，开始了和家人在昆明长达8年的生活。

　　起初，大家想着昆明远离前线，在这里大概能过几天太平日子。不料，9月28日，昆明就遭受了日寇飞机的狂轰滥炸。日机在小西门外投弹炸死市民190多人，数十人受伤。这是抗战以来，昆明第一次遭到空袭。

　　这天，警报响起，想起还在小西门昆华小学上学的儿子立鹏，闻一多心急如焚，匆匆下楼亲自去寻找。走到半路，敌机已飞临市区上空，闻一多赶快到一堵墙下躲避，突然响起了巨大的爆炸声，霎时间天崩地裂，房倒屋塌，烟尘滚滚。炸弹震落的砖石砸到闻一多头上，他顿时血流满面，长衫的前胸也被染红了大片。幸好遇上了战地救护队，为他做了紧急包扎。后来家人将他送到医院诊治，好在伤势不重，只是被砖头砸了一个口子，缝了几针便回家休养了，大约一周后恢复。[①]这一天的流血经历，给闻一多和家人留下了深刻的印象。虽然日机疯狂乱炸，但并没有吓到闻一多，相反，更加坚定了他投身抗战的决心。

　　这一时期，闻一多除了教书和学术研究外，还积极参加抗日宣传活动。联大师生到昆明后，一些热心戏剧的教师和进步学生筹划演几出好话剧，进一步活跃和推动昆明的抗战宣传工作。当时选中的第一

---

① 闻立雕：《红烛：我的父亲闻一多》，新华出版社2009年版，第136页。

个话剧便是西南联大外文系教授陈铨改编的《祖国》。该剧旗帜鲜明地赞扬民族解放运动，讲述了北平爱国男儿秘密从事抗日救国工作，与日寇及傀儡斗争，最后壮烈牺牲的故事，召唤"在安适的后方"的民众，投身抗战事业，为国家、民族的存亡而奉献。《祖国》的演出，正值武汉、广州失守，大汉奸汪精卫逃往河内，发出了臭名昭著的"艳电"。《祖国》的成功演出，给这些汉奸、跳梁小丑以有力的回击，也坚定了人民抗战意志和抗战必胜的信念。

1938年9月初，夫人带孩子们到昆明，一家人团聚，闻一多在武成路福寿巷3号租了房子。这是友人在院中为闻一多和三子闻立鹏、女儿闻铭拍下的照片

负责该剧的导演是联大师范学院的教师孙毓棠,他专门请闻一多来负责舞台设计。闻一多工作非常认真,投入了极大的精力,不仅把布景设计制作好,而且对整个演出也提出了许多宝贵的建议和意见。

演出大获成功,剧场里掌声不断,观众情绪热烈。当剧中的爱国教授英勇就义时,全场高呼"打倒日本帝国主义!""中华民族万岁!"事后昆明市的报界纷纷发表评论,盛赞演出技艺精湛,意义深刻,对人们坚持抗战有很大的鼓舞作用。后来,《祖国》连演8天,盛

闻一多靠着布景的假窗

况空前，万人空巷，激发了春城人民的抗战热情。

《祖国》演出的成功，进一步激励了演职人员的积极性，不久他们联合地方上的演出力量，又演出了规模更大的名剧——《原野》。《原野》是曹禺的代表作，写的是民国初年北洋军阀统治时期，农民万分痛苦，想反抗又找不到出路的状况。剧情生动地反映了正义与邪恶的斗争。《原野》的演出，在昆明引起了极大的轰动，场场爆满，大受欢迎，原定演出9天，后应各界的要求又加演了5天。

朱自清说："这两个戏先后在新滇大戏院演出，每晚满座，看这两个戏差不多成了昆明社会的时尚，不去看，好像短了些什么似的。这两个戏的演出确是昆明一件大事，怕也是中国话剧界的一件大事。"[①]

随着日军空袭昆明的次数明显增多，"跑警报"一度成为师生们的家常便饭。为了安全，教授们都疏散到昆明周边的城郊居住。此时，闻一多补休假一年，为了能潜心研究，安心整理书稿，又举家搬

《祖国》演出时，闻一多与孙毓棠（右2）、凤子（右3）、陈铨（右4）合影

---

① 闻立雕：《红烛：我的父亲闻一多》，新华出版社2009年版，第140页。

《原野》的演出闭幕后，曹禺（前排左5）、闻一多（前排左4）等与全体演职人员的合影

往晋宁县城。休假结束后，全家人返回昆明，与闻家驷住在一起。还没和弟弟安心地在一起生活一段时间，安宁的生活便被打破。一次空袭，一枚炸弹落在闻家后院，还好这枚炸弹没有爆炸，否则后果不堪设想。但也因为这件事，加之日军频繁轰炸昆明，闻一多决定举家搬往西郊陈家营。

住在陈家营的日子可以说是闻一多生活最艰苦的时期。抗战以来，物价暴涨，教授们的薪资难以维持正常的生活开销。闻家人口多，经济负担大，困难也就更大，每月薪资领回来，十天半个月就用完了。

为了省吃俭用，一家人吃的是最便宜的红糙米，里面尽是沙粒、稗子甚至老鼠屎，十天八天见不到一点荤腥，成年累月就是些萝卜、白菜之类的"低档菜、大路菜"。而且为了省油，煮的多，炒的少。

夫人高孝贞为闻一多织毛衣

此外就是腌咸菜、萝卜干、豆腐乳等。有时，农民喂猪的豆腐渣也买来和白菜一起熬着吃。闻立雕回忆说："父亲常常以烧干辣椒蘸盐巴就饭，吃一口饭，咬一口辣椒，一顿饭就对付过去了。饭桌上最上等的佳肴是豆腐，父亲对我们说这是'白肉'，多么多么有营养，让我们多吃，而他自己却很少动筷子。"①

为了糊口，闻一多将从北平带出来的衣物、物资都拿去典卖，甚至将几部线装书也忍痛卖给了清华大学图书馆，送书的时候还非常怜惜地说，将来回北平还要赎回来。

昆明的冬天虽然没有北平寒冷，但是寒风吹来，依旧刺骨。隆冬

---

① 闻立雕：《红烛：我的父亲闻一多》，新华出版社2009年版，第154页。

里的一天，家里经济实在太拮据了，眼看吃饭又成了问题，出于无奈，闻一多又将自己穿的狐皮大衣拿去寄卖，结果回家就打喷嚏，流鼻涕发烧。夫人心疼不已，埋怨丈夫不爱惜身体，并让长子立鹤将大衣追赎回来。

在陈家营，水井离闻一多家住的地方有五六十米远，但保姆赵妈是个年逾花甲的老太太，挑不动水。为此，闻一多一方面要孩子们每天帮忙抬水，另一方面让他们到村前小河中洗冷水脸，以节约用水和节省炭火，到了寒冬腊月仍然如此，冻得孩子们一个个搓耳搓手地连叫："好冷啊！好冷啊！"①

闻一多在陈家营居住的房子是四合院结构，共有两层楼。楼上住人，楼下则是厨房、堆放杂物和饲养牲口的地方，闻家8口人就住在楼上的两间房里。当时，华罗庚一家居住在黄土坡村，一次空袭中，敌机把他家躲藏的防空洞炸垮了，华罗庚被埋在炸塌的防空洞中，耳朵

昆明西北郊陈家营，闻一多、华罗庚两家曾共住一室

---

① 闻立雕：《红烛：我的父亲闻一多》，新华出版社2009年版，第156页。

也震出血。大家费了九牛二虎之力才把他刨出来。死里逃生后，华罗庚一家为了安全，决定赶快搬家，但一时间找不到房子，闻一多立即伸出援手，热情地欢迎华家与自己一家8口挤在一起，还主动把比较大的正房腾出一间给华家住。

就这样，闻、华两家14口人就住在一起，因为两间房子中间没有墙，只好在房屋中间挂一条布帘将房子隔开。为了纪念这件事，华罗庚还特意赋诗一首："挂布分屋共容膝，岂止两家共坎坷。布东考古布西算，专业不同心同仇。"

生活上虽然越来越艰难了，但丝毫没有影响闻一多的治学研究。他依然不受干扰地致力于学术研究，重点是唐诗、《楚辞》、《周易》。《怎样读〈九歌〉》《九章解法》《贾岛》《宫体诗的自赎》以及《周易义证类纂》等重要学术研究成果都是这个时期撰写和发表的。

1941年9月，清华大学决定成立文科研究所，闻一多为文科研究所选址而奔波。最终，闻一多和助教何善周看中了司家营的房子，接着和住在龙泉镇的王力、陈梦家两人商量，决定将研究所设在司家营。

10月初，闻一多举家搬到司家营一户司姓人家的一个院子里，这是"一颗印"式的两层土木结构小楼，楼下是厨房、食堂，楼上西厢一侧住着闻一多全家，朱自清、浦江清、何善周等几人合住在另一侧。二楼的正面是研究所的办公室，从大普吉的清华大学图书馆搬来的许多书籍就放在这里。每位教授和工作人员都有一张书桌，闻一多则用一块宽大的缝纫用的案板作为书桌。从1941年10月到1944年5月，闻一多一家一直都住在司家营，这里也是他在昆明居住时间最长的地方。直至今日，司家营闻一多故居也是保存得最好的一处联大教授故居，作为昆明的爱国主义教育基地之一，不断发挥着重要的教育作用。

司家营距城18公里左右，闻一多每周两次进城上课，来回几十公里。为了节省车钱，一般都步行，因此十分辛苦。当时，离司家营不远的龙泉镇有马车，夫人心疼他，劝他坐马车。他却说："我走了几千里，两条腿练出来了，这点路算不了什么。"

挂牌治印

搬到司家营后，敌机的干扰少了，工作条件有所改善，但全家人饥寒交迫的状况不但没有改善，反而更严重了。家里凡是可卖的东西都卖光了，闻一多甚至把上课、搞学术研究不可或缺的书也卖了，他难过地叹气说："唉！教书人把书也卖了！"心疼得一顿饭也没吃好。在家信中，他心酸地写道："书籍衣物变卖殆尽"，仍"时在断炊中度日"①。

文科所内外的朋友们、同事们对闻家的艰难状况非常关心，积极帮忙想办法。有一位民族工商业者郭先生，对闻一多的学识与为人非常敬佩，他见到闻一多这样海内闻名的学者，居然贫困到这等地步，无限感慨，愿意从他的公司中给闻一多提供一笔相当数量的干股，以后定期参加分红，但是闻一多觉得分干股等于无功受禄，婉言谢绝了。后来郭先生又提出供闻一多的大儿子读书，直到大学毕业，闻一多也再次婉拒了。

年轻的学生们看到这种情况，无不为闻一多感到着急。在昆华中学教书的几位联大学生，决定匀几个钟头的课给他，让他到中学兼职上课，但又怕他这样的名教授不肯去中学上课。闻一多知道了学生们的想法后十分感动，说："朋友们为我想了很多办法，我都没有答应去做。这样的生活虽然艰苦一点，但是晚上却睡得安稳，你们给我出的主意我真是感激不尽。我本来就是一个教书匠，要吃一辈子的粉笔灰，如今我自己自食其力。再说教书就是我的本分，中学大学又有什么差别呢？"闻一多十分认真地对待这份兼职工作，他意识到在中学

---

① 闻立雕：《红烛：我的父亲闻一多》，新华出版社2009年版，第175页。

上课不能再用对大学生和研究生上课的那套方式，就尽量用学生能够理解的语言事例，把古文或一般文艺上的问题教给他们，与学生相处得很融洽。

兼职的收入虽然让一家人的生活状况稍稍地好转，但是困难依旧严重，而且夫人的心脏病也在贫困的生活条件下越拖越重。后来，知道闻一多擅长篆刻的几个老朋友便鼓励他"公开治印"，这样既不失风雅，又可以弥补收入，闻一多欣然同意。朋友们都热心地给予支持和帮助：朱自清把自己珍藏多年的上海印油送给闻一多；许维遹送来几把刻刀；浦江清擅长旧体诗文，撰写了一篇非常精彩的骈文简介润例；梅贻琦、蒋梦麟、熊庆来、冯友兰、杨振声、姜寅清、朱自清、罗常培、唐兰、潘光旦、陈雪屏、沈从文等十二位学者、社会名流在这张润例上署了名，为他作联名推荐。

闻一多教授金石润例

秦钵汉印，攻金切玉之流长；殷契周铭，古文奇字之源远。是非博雅君子，难率尔以操觚；倘有稽古宏才，偶点画而成趣。

浠水闻一多教授，文坛先进，经学名家，辨文字于毫芒，几人知己；谈风雅之原始，海内推崇。斫轮老手，积习未除，占毕余闲，游心佳冻。惟是温磨古泽，仅激赏于知交；何当琬琰名章，共榷扬于艺苑。黄济叔之长髯飘洒，今见其人；程瑶田之铁笔恬愉，世尊其学。爰缀短言为引，公定薄润于后。

　　梅贻琦　冯友兰　朱自清　潘光旦
　　蒋梦麟　杨振声　罗常培　陈雪屏　同启
　　熊庆来　姜寅清　唐　兰　沈从文

闻一多挂牌治印的消息一出，许多人慕名而来，闻一多从挂牌治印到牺牲，图章基本上没有断过。仅仅根据迄今收集到的印模计算，

《闻一多教授金石润例》

在这两年多时间里，他刻的印总数在500方以上。

有了这项兼差，家里的生活总算是有了基本保证，而闻一多也变得更加辛苦。本来，他每天从早工作到深夜，讲课、看书、查资料、进行学术研究，已经觉得时间不够用，很少休息；后来参加了民主运动，又要经常开会、写文章、发表演说、与来访者谈话等，更是忙得团团转。现在又加上刻图章，他只好见缝插针，稍微有一点时间马上就拿起刻刀，即使客人来了，也一边谈话，一边运刀。

慕名而来的人日渐增多，闻一多白天有时间就刻，晚上更是常常通宵刻章。夫人常常半夜醒来，看见他还在灯下弯背咯吱咯吱一刀一刀地刻着。时间一久，手上都有刻印磨出的老茧，他也常常解嘲道："我现在也是一个手工业者了。"就是凭着这份手工业的收入，闻一多一家的生活才慢慢地改观，夫人的病也开始进行初步的治疗，孩子

闻一多舍生取义

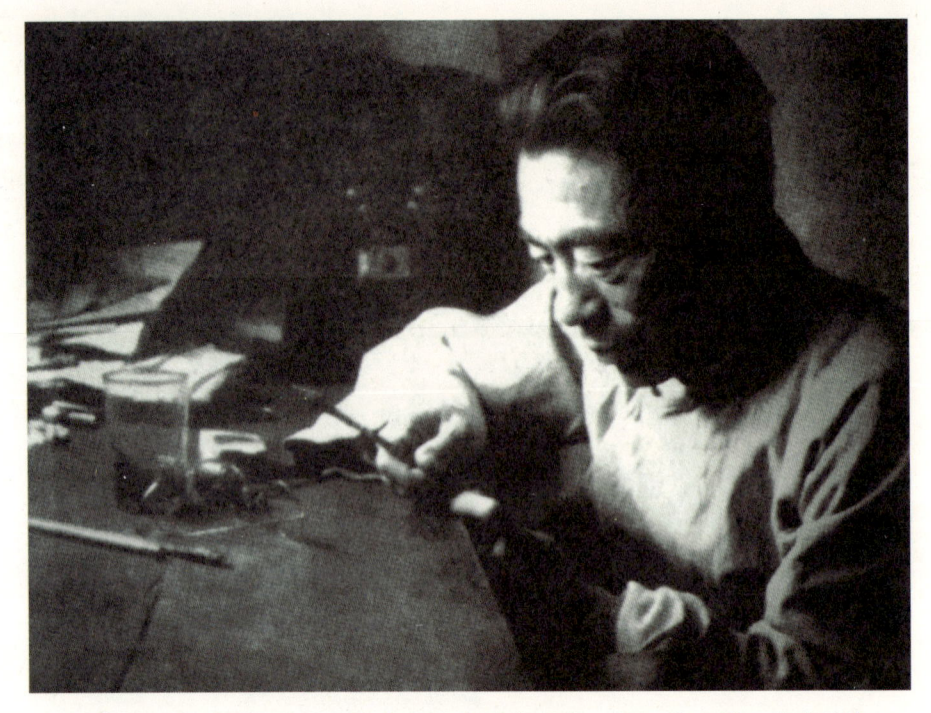

抗战中后期，物价暴涨，全家处在断炊威胁中，闻一多不得已挂牌治印

们也不再喊饿了。

闻一多刻印为的是多挣几个钱养家糊口，但并非无原则地见钱就收。有些官僚也攀风雅，如国民党的党棍、"一二·一"血案的刽子手、云南省代主席李宗黄，曾派人送来一方大象牙，请他刻个图章，润金丰厚。闻一多觉得这是一种侮辱，坚决地把象牙和钱退了回去。他不能将自己的艺术品交给一个刽子手！也曾有同情者特意多给些"工钱"，闻一多也坚决退还。①

闻一多并没有把治印完全当作谋生的手段，和平民主运动需要印章时，他则完全无条件地尽义务，慷慨捐献。进步同学组织的新诗社、共产党组织的西南文化研究会以及进步人士组织的时代评论社等团体的社章都是他义务镌刻的。1944年9月，重庆中华全国文艺界抗

---
① 王康：《闻一多传》，湖北人民出版社1979年版，第281页。

敌协会总会来函，号召开展救助贫病作家捐款活动，昆明分会迅速响应，闻一多不仅积极参与推动这一活动，而且自己带头捐出10枚印章的刻印收入，共计2万元。①

大约在闻一多牺牲前一个月，他还熬夜为民盟赶刻了几枚应急章。随着形势越来越严峻，民盟楚图南以及其他同志预感到很可能要转入地下，为此，民盟内部各机构也有必要用化名图章来代替。第二天一大早，闻一多就赶到楚图南家交出了4枚图章。楚图南看着闻一多颤抖的手和布满血丝的双眼，深为闻一多的忘我精神所感动。他在一篇文章中说："这件事已过去30多年了，每当我想起时，当时的情景

闻一多为孙毓棠所刻印章及边款

---

① 闻立雕：《红烛：我的父亲闻一多》，新华出版社2009年版，第177页。

好像还历历在目。这最清楚地表明了一多对革命斗争的忠诚、对革命事业的忘我精神。"①

他赠送给朋友的图章也并不在少数。冯友兰准备售文时,闻一多先后送了他两方寸大的石章,一阳一阴。冯友兰把它们视作珍宝,一直完好地保存着。②后来,很多与闻一多相熟的学生也都还保存着闻先生赠与他们的印章。

其中,他为孙毓棠刻的名章有着特殊的意义。闻一多和孙毓棠的关系很好,抗战之初,两人相约"若非抗战结束,不出国门一步",直到抗战胜利后,孙毓棠应邀去英国讲学,临行前,闻一多专门为他刻了枚印章以作留念,并在边款中记录下了这段往事。边款全文为:"叅与毓棠为忘年交者十有余年,抗战以还,居恒相约:非抗战结束,不出国门一步,顷者强房屈膝,胜利来临矣,而毓棠亦适以牛津之邀,而果得挟胜利以远游异域。信乎!必国家有光荣而后个人乃有光荣也。承命作印,因附数言,以志欣慰之情,非徒以为惜别之纪念而已也。卅四年九月十一日一多于昆明之西仓坡寓庐。"这段话既体现了闻一多和孙毓棠深厚的感情,也充分反映了他们两人高度的爱国热情。

青年的师友

熟悉西南联大的人都知道,在联大,闻一多是和青年人走得最近的教授之一。他始终以青年人的活泼气质,活跃在青年人中间。他关注青年,关心青年,爱护青年,启迪青年,始终和青年打成一片。他总认为,青年人如日之升,"后生可畏,焉知来者不若今也"。

他是青年的良师,更是青年的益友。

在教学活动中,闻一多像写诗、治学问一样勇于开拓创新。"他

---

① 闻立雕:《红烛:我的父亲闻一多》,新华出版社2009年版,第178页。
② 闻黎明:《闻一多传》(增订本),人民出版社2016年版,第337页。

以诗人的敏感研究古典文学,角度新颖,视野广阔,他吸取清代考据方法的实证精神,又运用了现代科学的理论和方法;致力古代的文学,放眼于整个古代文化及当时的整个社会;钻入故纸堆,但并不是蠹鱼而是杀蠹的芸香。因而他的立说往往是开创性的,他的课也常常以许多新鲜见解使人耳目一新"①。

在联大,他主要讲授《诗经》《楚辞》《周易》《尔雅》《古代神话》等十几门课程。他的课立论新颖,考证严谨,生动活泼,常常是一个充满诗意的过程,体现了他浪漫主义诗人的气质。在课上,他介绍作品的时代背景时如讲述自己的亲身经历,介绍诗人生平时则如讲自己熟识朋友的趣事逸闻,分析内容形式又如在谈自己的创作体会。如此一来,他的课总受到同学们欢迎。

联大学生、作家汪曾祺回忆说:"闻先生教古代神话,非常'叫座'。不单是中文系的、文学院的学生来听讲,连理学院、工学院的同学也来听。工学院在拓东路,文学院在大西门,听一堂课得穿过整整一座昆明城。闻先生讲课'图文并茂'。他用整张的毛边纸墨画出伏羲、女娲的各种画像,用摁钉钉在黑板上,口讲指画,有声有色,条理严密,文采斐然,高低抑扬,引人入胜。闻先生是一个好演员。伏羲女娲,本来是相当枯燥的课题,但听闻先生讲课让人感到一种美、思想的美、逻辑的美、才华的美。听这样的课,穿一座城,也值得……他也讲初唐四杰、大历十才子、《河岳英灵集》,但是讲得最多,也讲得最好的,是晚唐。他把晚唐诗和后期印象派的画联系起来。讲李贺,同时讲到印象派里的Pointlism(点画派),说点画看起来只是不同颜色的点,这些点似乎不相连属,但凝视之,则可感觉到点与点之间的内在联系。这样讲唐诗,必须本人既是诗人,也是画家,有谁能办到?"②

闻一多最赞赏五言绝句,认为五言绝句是唐诗中的精品,20个字

---

① 闻铭:《红烛永远在燃烧——纪念我的父亲闻一多》,载《中国教工》1996年第8期。
② 汪曾祺:《闻一多先生上课》,载徐强主编《汪曾祺全集·散文卷》,人民文学出版社2019年版,第322页。

就是20个仙人,容不得一个滥竽充数。他特别欣赏初唐诗人张若虚的《春江花月夜》,在他的《宫体诗的自赎》一文中,曾评价这首诗为"诗中的诗,顶峰上的顶峰",他认为"在这种诗面前,一切的赞叹是饶舌,几乎是亵渎"。

闻一多讲《楚辞》有一个特点。他往往等天黑的黄昏时分,在教室之外,点个香炉,拿个烟斗,然后开始念有关《楚辞》的名句。《楚辞》很复杂,但句子很优雅。每逢讲一些悲痛的词句时,学过戏剧的闻一多总能朗诵得特别感人。而且因为闻一多每次讲课都有新的内容,所以很多人赶来旁听,尽管旁听并无学分。有时讲得兴味盎然,闻一多会把讲课时间延长,直到月光洒满联大校园的时候,才带着清凉的露水,饶有余味地回到他在昆中南院的住宅。

闻一多在昆明龙泉镇司家营著成出版的《楚辞校补》书影

选修闻一多课的学生多,但如果学生照搬讲课内容答题,往往考分极低。他在教学中十分重视培养学生独立思考的能力和勇于创新的精神。有一个选唐诗课的学生,读了不少唐人作品,又能作旧体诗。闻一多非常赞许她这一点,但学期考试时却只给了及格分。闻一多对她说:"你只会背我讲的笔记,难道没有你自己的看法吗?"他开导她:"做学问不能食前人的余唾,要敢于创新,敢于提出自己的看法,哪怕失败了,也可以得到一次教训……科学就是在不怕失败、不断创新中向前发展的。"当他发现学生有所创获时,往往喜形于色,炯炯的眼睛里闪着慈祥欣喜的光芒,亲自帮助增益、修改,并且介绍发表。[①]

[①] 闻铭:《红烛永远在燃烧——纪念我的父亲闻一多》,载《中国教工》1996年第8期。

作为青年景仰、爱戴的著名学者、诗人，学识渊博、多才多艺的闻一多，以自己深厚的学养折服了无数联大学子。

在生活上切实关心青年，在学习上严格要求青年，是闻一多一贯的品格。同学们这样评价闻一多："先生品性耿介，待人温厚，爱青年有如子弟，深得联大学生的爱戴。每日课余，去看他的学生及昆明职业青年络绎不绝，先生生活虽拮据，但有些穷学生饭费或生病医药费无着时，先生总是东借西凑，千方百计地替青年解除困难。"

一次，他的学生何善周病倒了，闻一多得知，亲自请来了设在镇上一家大公司的特约医生。天天吃药打针，一周过去了，何善周体温一直不退。闻一多很担心，怕何善周有什么危险，和医生商谈之后，托房东雇了两个人，绑了一副担架，抬着何善周，自己则跟在担架后边，亲自送去医院。第二天，又嘱托人到医院去看望，安慰他好好养病。

中文系季镇淮同学是从沦陷区来到联大的学生，生活上比较困难。为了帮助季镇淮安心完成学业，闻一多专门写信给梅贻琦，推荐这位学生在联大担任半时助教。在闻一多的努力下，季镇淮获聘半时助教，不仅每月可得50元月薪、20元校贴，而且可得政府米贴生活费，解决了其后顾之忧。

和季镇淮同在中文系读书的王瑶也有相同的经历。他回忆说："我从西南联大毕业后，到昆明五华中学教书。一天饭后，闻先生特意约我到文林街一家茶馆喝茶，问我为什么不读研究生。当时，当教员是有政府米贴的，我的米贴是八斗，每月按米价发给钱，工资在那物价飞涨的年代根本不起作用。当我对闻先生说了实话：读研究生是当学生，只有贷金，没有米贴，而且贷金数量很少，难以维持生活。先生听了我的话，认为有道理，想了想说，可以让我当半时助教，就是一边当助教，一边读研究生，这样也有米贴。于是，在闻先生的动员下，我下决心重回清华大学。"[①]

[①] 闻黎明、侯菊坤编著：《闻一多年谱长编》（下卷），上海交通大学出版社2014年版，第582页。

闻一多舍生取义

郑临川读大三时，听人说闻一多考核成绩爱听奇谈怪论，计划写篇否定屈原存在的作业。他翻阅了一些资料便去找闻一多报告自己的论点和论据。闻一多耐心地听完，说道："书倒念了不少，可惜态度和方法还有问题。是的，我一直鼓励同学们要独立思考，敢发异论，要经得住不怕荒谬绝伦的考验，去争取妙绝千古的成就。但是，首先必须端正态度，态度端正才会找到正确的方法。屈原存在的历史事实，你能否定得了吗……要记住，做学问绝不是为了自我表现，是要为国家民族的生存和进步作出有益的贡献呵！"

1941年寒假，郑临川因准备毕业论文搜集材料，借住在导师闻一多在乡下龙头村的家里，和闻先生共同生活了半个月。郑临川说："在这半个月里，先生那种迟睡早起的研究生活给我的启发，比四年中任何讲义都有价值，都有力量。多少个深夜，一盏菜油灯把先生按着美髯凝神夜读的身影映在纸窗上，真像一座又优美又严肃的大师的塑像。他显得那么安详、沉静、自信，不由我不深自惕厉。"

在闻一多的关怀下，何善周、季镇淮、王瑶和郑临川都顺利地完成了自己的学业，成为各自领域的著名学者。闻一多牺牲后，季镇淮编著了《闻朱年谱》《闻一多研究四十年》。郑临川则整理出版了在联大时期闻一多课堂上的听课笔记，表达对恩师的敬仰和怀念。

学生社团是西南联大极为重要的团体生活形式。在联大，活跃着文学、艺术、体育、时事等各种门类的学生社团。这些社团举办演讲、开展座谈会、编刊壁报，将大量联大同学团结在团体周围，丰富了联大校园生活。

作为青年的师友，闻一多也一直受到各个社团的拥戴。像南湖诗社、联大新诗社、阳光美术社、悠悠体育社这样

闻一多专门为新诗社刻的社章

一些文体性的学生社团，直接邀请闻一多担任了导师。而闻一多担任这些社团的导师后，并不是埋首书斋，做名义上的指导教师，而是切切实实地参与社团活动。他在联大各个社团活动中的身影，是教授与社团生活生动融合的一个缩影。

联大新诗社是一群爱好诗歌的青年人的园地，闻一多作为导师，不断引导着新诗社"努力于新诗之改造"，让新诗社师生的作品向着健康和人民的方向前进。

新诗社成员赵宝煦和闻山回忆道：

> 1944年4月9日，联大十多个喜欢写诗的同学，跑到昆明郊外二十多里的司家营，找到了闻先生，请闻先生担任导师，成立了新诗社。
>
> 作为导师，他首先对我们说，作诗不是重要的事，会不会作诗，作不作诗都没关系，重要的是先学做人，要做一个真正的"人"，不要做反动统治者的奴隶。诗人应该走到人民群众中去，要理解人民的痛苦，做时代的"鼓手"，喊出真正的人民的呼声。
>
> 他说：当一个人对生活有了这样那样的感受，他心头在激动，他想把这种感受倾吐出来，争取别人的共鸣。他要用最好的语言去激动别人的感情。这样的诗才会真实，才会有内容。但是，这样的诗也十分危险；如其他的感受只是个人的休戚，如果他的感情只是无病呻吟，那他将糟蹋了自己，也浪费了别人的时间，欺骗了别人的同情。你们也就可以明白，过去我说过，诗是不负责任的宣传，简直是胡说！只有饱食终日无所事事的人，才有这样的闲情！事实上，也没有这样的事情！你说了话，你发表了东西，你就会这样那样地影响别人。如果说，他是出于无心和幼稚，咱们也得和他大喝一声！
>
> 咱们的"新诗社"，应该负起这个责任。"新诗社"是写

诗的团体，但它应该不同于过去和现在那些自命不凡的人组织的团体。比如说，像从前的"新月派"，它也名曰"新"，其实腐朽透了。我们的新诗社，应该是"新"的诗社，全新的，完全新的诗社。不仅要写形式上是新的诗，更要写内容也是新的诗。不仅要作新诗，更要做新的诗人。你们当然比我懂得多，在这年头，你们会明白究竟应该做一个什么样的诗人！

……………

闻先生在他生命的后期，越来越用力发挥诗鼓舞群众、组织群众的作用……新诗社不断举行朗诵会，参加朗诵的人愈来愈多。我们说，新诗社的大门是打开的。许多校外的同学、公务人员、中学教员、报馆编辑、记者，也带着他们的诗来参加朗诵会，成了新诗社的社员。我们开过几次千人以上的朗诵会，闻先生和大家一起朗诵，他卓越的朗诵艺术才能经常把群众的热情推向高潮。

诗朗诵活动随着争民主、反独裁的斗争浪潮不断高涨，如1945年西南联大纪念五四运动的诗朗诵大会，九月的"为胜利、民主、和平、团结而歌"的朗诵会，以及后来反内战的朗诵会，那热烈的群众情绪、激动人心的场面，至今仍刻在我们脑中。[①]

对于从新诗社萌芽而生的阳光美术社，闻一多告诫大家不要用自己的画笔去涂抹"闲情逸致"，去装点"风雅"。他一再告诉大家，在今天国家危急存亡之秋，要尽量摒弃主观虚构的东西，强调写实，甚至把是否写实，提高到唯物主义世界观的高度来认识。当他看到有人画倒毙在马路边的尸体时，就加以肯定，说："对这个吃人的社会，就是要用画笔来控诉！"

悠悠体育社是联大较为活跃的另一个学生社团，闻一多也常常

[①] 赵宝煦、闻山：《闻一多导师和新诗社、阳光美术社》，载王子光、王康编《闻一多纪念文集》，生活·读书·新知三联书店1980年版，第332页。

出席悠悠体育社的活动,甚至参加该社到路南的远足。在悠悠体育社成立一周年之际,闻一多应邀为该社出版的《联大悠悠体育会周年·五四纪念特刊》撰写了《"五四"断想》一文。他在文章中将社团名称嵌入其中,写道:"旧的悠悠死去,新的悠悠生出,不慌不忙,一个跟一个——这是演化。新的已经来到,旧的还不肯去,新的急了,把旧的挤掉——这是革命。挤是发展受到阻碍时必然的现象,而新的必然是发展的,能发展的必然是新的,所以青年永远是革命的,革命永远是青年的。"

1945年2月16日,闻一多与学生游石林

在学生社团的活动中，闻一多常常结合现实谈自己的看法。一次，在和联大教授王赣愚讲及《教授生活》时，他们都不约而同地撇开物质生活专讲精神生活。他们不愿为物质生活的低劣而叫苦，却因为联大有学术竞放的氛围感到安慰。在极度穷困的日子里，他们坚守着联大的岗位，不愿有所转移。他希望青年学生不应该只埋头苦干，更应该抬起头来，挺起胸膛，注视现实，关心民主团结，用大家的力量去促进民主团结的实现。

闻一多与青年们始终保持着密切的联系，对于青年学生的指导，他不只重于在校时的亲自教诲，而是愿意做青年终生的益友。

联大毕业的程应镠撰文回忆："我编着一回小小的副刊。告诉他的时候，他阻止我，劝我不要把生命浪掷，不要信任一个我以为还可信任的人。我没有听他的话，他在我的朋友面前骂我，我扪心没有做过违背良心的事，当骂我的话传到我的耳边，我写了一封信，托人转给他，信里的语调是强硬地驳复他的'偏见'。后来，他的话一一的中了，那个我以为还可信任的人骗了我们的劳力，还使我另外一位前辈受到一点没处说的气。但有两个多月我没有去过他那边，他却怀念起来了，要我的一个朋友叫我去看他。我去看他了，他十分激动地说：'昆明的strong man是很少的，你是，我也是，我要和你谈谈。'"

刘兆吉回忆说："我曾一度在重庆南开中学教语文，也因为受一多师的影响对文学有兴趣，也爱考证一些古人未解决的问题，有疑难就写信请教一多师。当时他负担重，经济困难，多处兼差，非常忙碌，但他对已毕业的学生，甚至既不是中文系的学生又不是清华学生，而是南开合并联大的教育系学生的我，但闻师没有一般人的门户之见，有问必答。如我对《乐府·孤儿行》的考证，我本来只是请教他，他竟然加以修改，并加了题目，推荐《国文月刊》。"

"何妨一下楼主人"下楼来

1944年是闻一多告别学者身份走向民主运动的分水岭。这一年发生了几件大事,使他对国家命运、民族前途有了新的认识。首先是"政府改三月二十九日为青年节,引起了教授和同学们的一致愤慨"。其次,这一年,豫湘桂战役全线崩溃,日寇长驱直入。再者,战时昆明物价高涨,人民生活普遍贫困,民不聊生。闻一多再也坐不住了,走出书斋,走向民主运动,成为这位诗人、学者的新选择。

从今以后,我不打算有清闲日子了

抗战中后期,闻一多的思想发生了重大变化,在朋友们看来,他的这次转变,发生得十分突然——一个此前深居书斋,埋头古书堆的学者,这时却猛然拍案而起,振臂疾呼。令闻一多拍案而起的原因,不仅因为他胸中那颗强烈的爱国心,让他无法忍受深爱的国家被糟蹋到令人不能容忍的田地,他本能地要挺身而出,为民请命;同时也是由于有国民党当局这个"反面教员"[1]的教育。

1943年初,世界反法西斯战争形势日趋好转,盟军在各地相继转入反攻,与其他盟国取得的胜利相比,中国抗战正面战场几乎没有

---

[1] 吴晗在《拍案而起的闻一多》中写道:"一多的拍案而起,有两个教员,一个正面教员是中国共产党,一个反面教员是国民党反动派,就时间说,反面教员在前,正面教员在后。"

任何进展。国民党当局借着国际形势好转的有利时机，加快了独裁和反共宣传。一方面封锁消息，消极抗日，不主动向日寇进攻，收复国土，拯救还在惨遭屠杀、蹂躏的人民，一方面屯重兵于西北避战苟安，保存实力，同时包围、监视中共的陕甘宁边区，以备战后发动内战，消灭共产党。

这年3月，由陶希圣执笔、蒋介石署名的《中国之命运》出版，全书鼓吹法西斯主义，反对共产主义和自由主义，污蔑共产党、八路军、新四军是"新式军阀""新式割据"，暗示两年内一定要解决共产党。国民政府教育部还把这本书指定为各级学校的"必读之书"。

蒋介石这种做法，成为国民党离心离德的一个前奏，遭到了以闻一多为代表的知识分子的反对和批评。闻一多此后回忆说："《中国之命运》一书的出版，在我个人是一个很重要的关键。我简直被那里面的义和团精神吓一跳，我们的'英明'的领袖原来是这样想法的吗？'五四'给我的影响太深，《中国之命运》公开地向'五四'挑战，我是无论如何受不了的。"

在大后方的国统区，黑暗、腐败的现象也令闻一多难以容忍。达官贵人们假抗战之名横征暴敛，囤积居奇，哄抬物价，大发国难财。而为抗战出兵、纳粮、募捐、出工出力的老百姓却过着饥寒交迫、朝不保夕的生活。

闻一多在昆明城郊居住时，耳闻目睹了许多国民党士兵的悲惨遭遇和国民党军队腐败无能的事迹，这激起了他极大的愤怒。

在所有黑暗腐败的事例中，对闻一多刺激最大的是国民党士兵的凄惨遭遇。他们为抗战流血牺牲，在保家卫国的战争中作出了巨大的贡献，却遭到了极其残酷的虐待。闻一多一向痛恨国民党野蛮的兵役制度，他住的村子里就发生过强征兵役的事。一天，村里的驻军以放电影为名把群众骗到放映场，然后趁机抓起壮丁来。青壮年们吓得四散逃窜，当官的就命令士兵去追去抓，抓来就用绳子一个连一个地捆绑成一串带走。霎时间村子里鸡飞狗跳，哭声、嚎叫声一片，情景十分凄惨。①

一天，闻一多去联大新校舍办事，路上遇到一队国民党士兵，看到他们已经被折磨得没有人样，面黄肌瘦，活像一具具骷髅、僵尸，两条腿瘦得如同两根细棍，走着走着支持不住就倒在了地上。闻一多看到后极为愤怒，那天在课堂上他不讲事先准备的教材，而是向同学们讲途中所闻所见："你们看那些捆着的，拉着的，用枪压着走的，一个个瘦成什么样子？腿干儿这么细！"他一边讲一边把手举起来，用拇指与食指对成个小圈比画着。"每次看见这种形象，我就像受刑一样……如果谁还无动于衷，简直没有心肝！所以啊，我们不能不管了！"

还有一次，他恰好碰上一个下级军官正在用皮带抽、用皮鞋猛踢一个倒在地上的士兵。他实在看不下去，怒吼着上去拦阻，斥责说："你自己也有父母兄弟，你难道没有点人性？"不料那个气势汹汹、满脸横肉的家伙竟横了一眼，把闻一多讥讽了一顿，对那个士兵踢打得更凶了。这让闻一多气得浑身发抖，久久不能平静。

闻一多所住的司家营也有一个营的国民党军队驻防，这个营的兵力实际上不足一个连。普通士兵们一个个骨瘦如柴，站都站不稳，每天两顿饭，吃的都是米汤煮土豆块。士兵们拿着各式各样的碗，有的手里还拿着一双树枝，副连长站在饭桶边，只准士兵盛一勺就得走，还不准往下捞，谁要胆敢深捞一点，那个副连长上去就是一脚，把人踢翻在地，连米汤都喝不着。闻一多几次目睹这样的场景，内心愤怒不已。

7月，闻一多长子立鹤在一个机关临时服务，从外电获知墨索里尼被抓的消息，认识到国际反法西斯战争取得进展，而国内却是另一个样子。外侮当前，国民党不想着枪口对外，一致抗日，却强迫穷苦人家的子弟当兵去进攻自己的同胞。而共产党坚持统一战线、团结抗战，这是多么鲜明的对比。闻一多陷入了深深的沉思，国共两党哪个

---

① 闻立雕：《红烛：我的父亲闻一多》，新华出版社2009年版，第187页。

闻一多舍生取义

以民族国家利益为重，哪个以人民为重，已经一目了然。

时代不仅使闻一多警醒，也使他觉悟。他在杂文《愈战愈强》里愤怒地宣布："所以我今天要算账……大的作大的算，小的作小的算，反正从今以后，我不打算有清闲日子了！"①一系列黑暗腐败事例教育和激励了他，迫使他不得不呼吁、呐喊、控诉！正如他提出"诗人应该走到人民群众中去"，还要"理解人民的痛苦，做时代的'鼓手'，喊出真正的人民的呼声"。从这个夏天起，诗人、学者闻一多最终走出了"象牙塔"，开始敲响时代的鼓声。

时代的鼓手

1943年夏，联大外文系教授罗伯特·白英邀请闻一多一起选编一部《中国新诗新译》，闻一多欣然应允，并且开始大量收集近现代诗人的诗作。8月，朱自清从成都休假回到昆明，带回了一本诗集，上面刊有解放区诗人田间②的几首诗。田间是在敌后根据地的诗人，他的诗写的大多是根据地人民生产和抗日斗争的事，字句短促有力，字字铿锵，这些诗让闻一多眼前一亮，想不到好几年没有看新诗，新诗已经写得这样进步了！

田间的《多一些》写道，"多一颗粮食，/就多一颗消灭敌人的枪弹……多一些！/多一些！/多点粮食，/就多点胜利"，句子简短而坚实，在闻一多看来，这就是一声声的"鼓点"，它们"响亮而沉重"，能"打入你耳中，打在你心上"。《人民底舞》中的诗句，"他们的/仇恨的/力，/他们的/仇恨的/血，/他们的/仇恨的/歌，/握在/手里"，"耸起的/筋骨，/凸出的/皮肉"，"挑负着/——种族的/疯狂"

---

① 闻立雕：《红烛：我的父亲闻一多》，新华出版社2009年版，第187页。

② 田间（1916—1985），安徽无为人。原名童天鉴，七月派代表诗人之一，1934年加入中国左翼作家联盟，抗战全面爆发后，以诗作《给战斗者》闻名，新中国成立后曾任中央文学讲习所主任、河北省文联主席等职。出版《未名集》《给战斗者》《她也要杀人》《非洲游记》《清明》等。

和"种族的/咆哮",闻一多认为这不只是"鼓的声律",还有"鼓的情绪"。他读完田间的诗后,激动不已,久久不能平静,评价这些诗虽然"疯狂、野蛮",却"爆炸着生命的热与力"。他思索了半天,觉得把田间称为"时代的鼓手"最为恰当。他兴奋地说:"当这民族历史行程的大拐弯中,我们得一鼓作气来渡过危机,完成大业。这是一个需要鼓手的时代,让我们期待着更多的'时代的鼓手'出现。"

开学后,闻一多开设了唐诗课。本来选这门课的学生不多,只有十多人,但因为是闻先生的课,教室里早已座无虚席,还有不少人坐在窗台上,有的站在后边,连窗外也站了一些人,旁听的比选课的学生多了几倍。

闻一多身着一件褪色的蓝布大褂,手里攥着一个特大的蓝布口袋走进教室,在小课桌后坐下来,把老怀表摸出来放在桌上。不一会儿,上课的钟声响了,他立刻从大书袋里摸出讲稿来,开始讲课。

闻一多上课并不照本宣科,他往往不看稿子,越讲越远,越讲越自在。在这堂课上,他用充满激情的调子、诗意般的言语,给学生们讲杜甫的"三吏""三别",但他不想把学生带进故纸堆中去,而是要用历代人民的悲惨命运来引出对现实的关注。他愤愤地说:"杜甫描写的是一千多年前的事,你们仔细张开眼看看,这却是写的眼前抗战时期的事。比唐肃宗那时更卑鄙更无耻。"于是他讲起国民党军队拉壮丁的事,说着说着就激动地站了起来:"这样无法无天,还成什么国家?这是什么国军?这是土匪,比土匪还土匪!"

听的人越来越多,窗户外都拥不下了。接着,闻一多说:"有一天,佩弦[①]先生递给我一本诗,说:好几年没有看新诗,你看,新诗已经写得这样进步了。我一看,想:这是诗吗?再看,咦,我说,这不是鼓的声音吗?"他接着说:"抗战六年来,我生活在历史里、古书堆里,实在非常惭愧。但今天是鼓的时代,我现在才发现了田间,听到了鼓的声音,我感到非常感动。我想诸位不要有成见,成见

---

① 指朱自清。

是最要不得的东西。诸位想想我以前写的是什么诗，要有成见就应该是我。"

于是他亲自朗诵一首田间的诗《多一些粮食》：

我们……要赶快鼓励自己的心／到地里去！要地里长出麦子，／要地里长出小米，拿这东西／当作；持久战的武器。……（多一些！／多一些！），多点粮食，／就多点胜利。

他精湛而独特的见解、清脆爽朗的声音、深刻的自我剖析，震撼了在座的同学。路过的学生被他激昂的声音吸引，停下脚步，挤在窗外，认真地听起了课。

他的朗诵得那么激昂而有节拍，就像一声声的鼓点，就像为配合解放区军民在英勇前进的步伐而敲的鼓点。念到后来，他越发激昂了，像一头雄狮一样抖动着头发和胡子，大声地吼了起来：

啊，歌唱！啊，舞涌！啊，棒子！啊，刀子！啊，锄头！啊，枪！啊，人民！

闻一多用鼓点似的声音，由远而近、由弱而强、由轻而重地念起来，马上把学生们也带进那样诗意的境界里去了。

最后，他又把大家从诗境里唤了回来，回到理性的课堂上，他分析道："仔细研究中国诗歌的历史，我发觉中国古代只有屈原、嵇康、杜甫、白居易这几位诗人才值得佩服，因为他们的诗多少喊出了时代人民的声音；其他知名的诗人，都是统治者的工具和装饰。除了这几人的作品，我同时还发现《诗经》《楚辞》《乐府》才是人民的歌曲，里面含有很多人民的血液。南朝的宫体诗和中唐以后的贵族诗都是堕落的、衰退的。要诗歌健康、进步，只有把她从统治者手里解放出来，还给劳动人民。诗歌是鼓，今天的中国是战斗的年代，需要鼓。诗人就是鼓手,艾青与田间已成为中国现阶段的鼓手。"

他说:"是单调吗?是单调的,这里头没有什么'弦外之音',没有什么'绕梁三日'的韵味,没有什么花头,没有什么技巧,只是一句句朴质真诚的话,简单坚实的句子,就是一声声的鼓点。单调,但是响亮而沉重,打入你的耳中,打在你的心上。你说这不是诗,因为你的耳朵太熟悉于'弦外之音'那一套,你的耳朵太软弱了!"[①]

这堂课在校园里引起了不小的反响,"文艺"壁报有篇《听鼓的诗人和擂鼓的诗人》还专门记述了这件事。这位沉默许久的《死水》作者,突然欣赏起田间来,大家十分惊奇。对此,他说:"……我现在才发现了田间……田间实在是这鼓的时代的鼓手!他的诗是这时代的鼓的声音!"[②]

许多同学建议闻一多将那天讲述的内容写下来,没几天他就写成《时代的鼓手——读田间的诗》,并发表在《生活导报》上。他在文章中再次强调:"当着民族历史行程的大拐弯中,我们得一鼓作气来渡过危机,完成大业,这是一个需要鼓手的时代,让我们期待着更多的'时代的鼓手'出现!"[③]

在国统区,一位著名的教授公开赞扬解放区的诗人,这可不是一件小事。朱自清说:"那篇《时代的鼓手》,赞颂田间先生的诗,这一篇短小的批评激起了不小的波动,也发生了不小影响。"这是闻一多思想转变的一声呐喊,不仅说明闻一多对诗的观念发生了巨大变化,而且还说明他不问政治的态度,特别是对共产党的态度也发生了很大变化。

11月25日,他在给学生臧克家的信中,表明了自己思想转变的决心。信中说:"从青岛时代起,经过了十几年,到现在我的'文章'才渐渐上题了……经过十余年故纸堆中的生活,我有了把握,看清了我们这民族、这文化的病症,我敢于开方了。"他对这位当年的得意

[①] 马识途:《马识途文集·风雨人生》(下),四川文艺出版社2005年版,第387页。
[②] 闻黎明、侯菊坤编著:《闻一多年谱长编》(下卷),上海交通大学出版社2014年版,第594页。
[③] 闻黎明、侯菊坤编著:《闻一多年谱长编》(下卷),上海交通大学出版社2014年版,第599页。

闻一多舍生取义

门生说："你想不到我比任何人还恨那故纸堆，正因为恨它，更不能不弄个明白。"他向这位学生解释："你诬枉了我，当我是一个蠹鱼，不晓得我是杀蠹的芸香。虽然二者都藏在书里，他们的作用并不一样。"①他告诉臧克家，他只觉得自己是一座没有爆发的火山，火烧得发痛，却始终没有能力（就是技巧）炸开那禁锢他的地壳，放射出火和热来。

然而，他已经开始放射出火和热了。一堂课、一封信，标志着闻一多的思想开始发生重大变化。从这个时候起，他毅然拍案而起，振臂疾呼，接二连三地发表演说、杂文，猛烈地批评黑暗，抨击时弊，正如他说的那样："近年来我在联大圈子里声音喊得很大，慢慢我要向圈子外喊去。"

向圈子外喊去

1944年4月，日本侵略者开始发动打通交通线的攻势。短短1个月时间，郑州、许昌、洛阳相继失守。8个月的时间里，在国民党正面战场的河南、湖南、广西丧失国土20多万平方公里，损失兵力五六十万。前线军队节节败退，联大师生心急如焚，更加关心国事。自此，联大校园内出现新的爱国民主运动热潮，1944年的"五四"纪念就是起点。

5月3日晚上，历史系和社会系在新校舍南区十号教室举办"五四"二十五周年座谈会，不仅有著名的政治系教授张奚若和历史系教授雷海宗这些人物参加，中文系教授闻一多也被邀请参加。他们当年在北京都参加过五四运动。一些消息灵通的同学在下午就已得知消息，为此许多同学都挤到会场，想一睹这位潜心研究、长期以来绝少参加群众性政治集会闻先生的风采。

---

① 闻一多：《闻一多书信集》，群言出版社2014年版，第349页。

// "何妨一下楼主人"下楼来 //

"五四"这个节日本来是北京大学、清华大学的传统节日,然而,国民政府却把3月29日作为法定的青年节,而取消"五四"纪念。特别是皖南事变后,"五四"更是冷落了。这天是"五四"纪念节日复苏的日子,所以不到天黑,南区十号教室已经坐得满满的,临时加了一些条凳也不够坐,窗台上也坐满了人,连门外和窗口外也有许多同学在那里引颈翘望,到会的有数百人。

会场的气氛十分活跃,周炳琳教授回忆了他参加五四运动时的经历,闻一多讲述了他参加五四运动的情况。张奚若教授首先回顾了五四运动的情景,并联系到当时的感想,提出民主和科学仍然是奋斗的目标,给了学生们很大的鼓舞。然而,一位教授发言却说,学生的天职就是读书,如果学生不读书,闹得越凶,就证明这个国家越不幸了。这样的论调得到在场的三青团[①]分子的拥护,也引来进步同学的嘘声。趁着会场秩序骚动,三青团分子乘机起哄,好在大会主席及时维护了秩序:"今晚上的会是自由参加的,不愿参加的可以自由走,不要妨碍别人开会。我们的会还要开下去。"接着,大会主席宣布:"现在请闻一多教授讲话。"大家报以热烈的掌声。

闻一多再次站起来,提出"里应外合打倒孔家店"的主张。他说:"你们都知道我没有参加过这样的会,也不会在这样的会上讲话,我只是想到青年中来呼吸一点新鲜空气,我这样埋在故字纸堆的人是没有发言权的。如果一定要说,也是以被审判者的心情来说话的。这些年来我是太落伍了,自己的工作脱离了现实。"

接着他说到当年五四运动的任务是要民主和科学,可是他说,靠"五四"起家的人物都变成了反民主的人物了,或者埋头学术研究去了,而这些研究又有什么用呢?想一想这几年的生活,看一看政治的腐败带给人民的痛苦,有良心的人应该作何感想?

闻一多激动起来,听的同学们也激动起来,长时间的鼓掌,鼓励了他更加放开来讲话。他说:"说学生耽误学业,去过问政治,

[①] 全称三民主义青年团,是国民党控制的青年政治组织。

就是国家的'不幸',我要问问:为什么要发生这种'不幸'的事情呢?"他笑一笑说:"我不懂历史,但是我知道这都是因为没有民主!有人说青年人幼稚,容易冲动。这有什么不好呢?要不'幼稚',当然也不会有五四运动了。幼稚并不可耻,尤其是在启蒙时期,幼稚是感情的先导,感情冲动才能发生力量。今天青年人的思想,也许要比中年人老年人清楚得多,理智得多哩。"

他进一步阐述:"过去我总以为国家大事专门有人去管,无须自己过问,长期脱离现实。但是一二十年来和古董打交道,现在却有人在复古了。孔家店要我们好好当奴才,好好服从老爷们的反动统治,不是有人在叫'读经尊孔',有人在搞'献九鼎''应帝王'吗?现在是民国,还要我们退到封建朝代去吗?"

接着他振臂一呼:"我要重喊打倒孔家店!我相信我有资格说这句话。我在故字纸堆里钻了很久很久,销蚀了我多少生命,我总算摸到一点底细,其中有些精华,但也有许多糟粕。我总算认识了那些糟粕的毒害,而这些货色,正是那些人要提倡的东西!"最后他号召:"同学们,现在大家又提出'五四'要民主、要科学的口号,我愿意和你们联合起来,里应外合,彻底打倒孔家店,摧毁那些毒害我们民族的思想!"[①]

闻一多的这次讲演,让许多与会的同学在散会后,仍然心潮澎湃,久久不能平静。大家围着闻一多,沿着校园外的公路,踏着从高大白杨树缝洒落满地的月光,送他回去。

5月4日的文艺晚会,遭到了特务的故意破坏,会议不得不改期到5月8日重新举行,地点在联大图书馆前大草坪。晚会除了邀请闻一多、罗常培、冯至、朱自清、沈从文、杨振声、李广田几位教授外,还邀请了卞之琳、孙毓棠、闻家驷教授。校内外到会者3000余人,闻一多以《新文艺与文学遗产》为题发表了演讲,他激昂地说:"'五四'的任务没有完成,我们还要干!我们还要科学,要民主,要打倒孔家

[①] 马识途:《马识途文集·风雨人生》(下),四川文艺出版社2005年版,第396页。

店和封建势力……文学遗产在'五四'以前叫作国粹,'五四'时代叫作死文学,现在是借了文学遗产的幌子来复古,来反对新文艺,现在我就是要来审判它。"晚会快结束时,闻一多再次高呼:"我号召大家第二次打倒孔家店!"这成了闻一多向民主进军的宣誓词,闻一多的声音震撼着在场的每个年轻人。

闻一多不仅下楼来了,而且走到群众里来了,他的喊声越来越大。抗日战争七周年纪念日的这天晚上,联大壁报协会联合云南大学、中法大学和英语专科学校在云大至公堂举行"时事座谈会",请了10多位政治经济方面的教授参加。这是皖南事变后,昆明第一次公开讨论政治的会议。参会的联大教授潘光旦回忆说:"出席的多至三千余人,会场内外,挤得水泄不通,景况的热闹,真是得未曾有。就昆明一地说,竟不妨说是空前的。"①

这次晚会上讨论的问题很多,其中最重要的问题,是从事学术研究的人同时应否有政治的兴趣。闻一多本不愿参加发言,他悄悄地从人群中挤进来,准备随便找个座位坐下来。可是学生发现了他,请他到前排坐下。几个钟头,他一直耐心地听着。直到一位教授上台发言,企图从数学理论来证明"变"会带来"乱",结论是国家大事要听从政府指挥,不要乱变。

这番发言引起了一片嘘声,这时,闻一多忽然站了起来,要求发言。全场立刻响起了热烈的掌声。

他很激动甚至是很生气地走上台去,驳斥了这番言论,激动地说:"今天在座的谁没搞过十年二十年研究?谁不想安心研究?但是可能吗?我这一二十年的生命都埋葬在古书古文字中,究竟有什么用?究竟为了什么人?不说研究条件,连起码的人的生活都没有保障,怎么能再做那自命清高、脱离实际的研究?"

闻一多慷慨激昂起来,在灯光下脸色发红,胡须也怒张起来,他大声说:"国家糟到这步田地,我们再不出来说话,还要等到什么时

---

① 潘光旦:《说学人论证》,载潘光旦《自由之路》,商务印书馆1946年版,第361页。

闻一多舍生取义

候？我们不管，还有谁管？……有人自己不敢闹，还反对别人闹，真是可耻的自私！"

为了不辜负青年学生们的期望，也为了创建一个真正民主法治的中国，这位从"五四"时代起，就寻求真理、寻求中国的出路的爱国知识分子，在过去20年中，走了不少曲折的道路，但始终没有停止对真理的寻求。

现在团结抗战的形势都发生了危机，国家民族再度处于危急关头，他再也不愿做一个埋首书斋的"何妨一下楼主人"了，他要下楼来，从那个象牙之塔里钻出来，走进人民，走到现实生活中来。

"现在只有一条出路，就是革命！"

1944年春夏之交，国民党以抗战为名改造军队，实则是为将来的反共内战准备力量，组织了青年军，号召天真的爱国青年去参加青年军，为内战积蓄兵力。他们把青年军送到印度去训练，用现代化的武装装备起来，成为一支高质量的军队。当时日本军队已深入广西、贵州，形势紧迫，蒋介石却把在西北的胡宗南几十万大军雪藏了起来，也不把青年军调回来抗日，却准备用来打共产党。

国民党当局认为，联大的青年学生素质好，想动员一些学生去参军，于是在训导长的主持下开了一个动员会，闻一多碍不过训导长老朋友的面子，也去参加了。在会上，他凭着满腔热血，一时冲动，号召"有血性的青年，从军去"。当场就有一些同学报了名。

实际上，联大学生投笔从戎，报名参军，是满怀着抗日热情和崇高的爱国之情。在长沙临时大学时期，就有近300名学生投笔从戎，西南联大时期也有800余名学子奔赴战场。他们为国家和民族的独立出生入死，可歌可泣。然而，国民党假借抗战之名，网罗青年，组织新军，准备打内战。这一点，却是当时的许多联大师生不曾想到的。

当时，作为联大地下党支部负责人的马识途为此事专门去找过闻一多。到了闻一多家，马识途便问："听说闻先生也到会上去讲话了，有的同学是听了你的话，才去报名的。"

闻一多听到学生话里有话，愣了一下，说："鼓励青年们为改造国民党军队，为取得抗日最后胜利而参军，有什么不好呢？"

马识途说："青年参加抗日，当然是值得欢迎的，比如现在美国空军正在和日本空军战斗，需要翻译，同学们去当翻译，支持他们，这是应该的，事实上已经去了不少。但是现在国民党是想把这些青年军用来将来打内战，却是我们反对的。"

"他们才开始组织青年军，你怎么就断定他们用来打内战呢？他们那天当众宣布，这支新军就是为了抗日战争最后反攻而组织的嘛。"闻一多不解地问。

马识途冷静地说："国民党处心积虑要消灭共产党，这是尽人皆知的。蒋介石说过不消灭共产党，死不瞑目。他宁可失地千里，生灵涂炭，也不肯把他的老本钱——胡宗南的精锐大军，拿出来抗日，却紧紧围住陕甘宁边区。你想他愿意把全新美式装备的青年军用来抗日吗？国民党的漂亮言辞我们是听得够多的了，他们是万变不离其宗的。"

闻一多感到困惑："可是我听美国人说过的，这支部队是由他们亲自训练和掌握的。"

马识途继续解释："说穿了，美国又何爱于共产党呢？而且这些新式装备到了国民党手里，美国也管不着了。"①

闻一多沉默了，他陷入思索，虽然一时未必能想清楚，但很快，一个参加了知识青年组成的新军部队的亲戚的遭遇，让他终于明白过来。

一天，有个军服破旧褴褛、面黄肌瘦、神态沮丧的年轻士兵敲门来到闻一多家，才一见面，就痛哭流涕地恳请闻一多救他一命。原来

---

① 马识途：《马识途文集·风雨人生》（下），四川文艺出版社2005年版，第411页。

这个年轻士兵是他的一个远亲侄子，他出于一片爱国心在四川报名参军。这次是跟随军队从四川步行到昆明准备飞赴印度的。

侄儿一边流泪，一边痛苦地诉说军队内部种种腐败黑暗劣迹。这支队伍简直就是座人间地狱，长官们完全不把士兵当人对待，他们贪财如命，唯利是图，层层克扣军饷，吃空额，贪污走私，任意打骂士兵，关禁闭，甚至草菅人命。而军队里的士兵们衣衫单薄，食不果腹，吃的是最次的、难以下咽的糙米，里面又是沙子，又是老鼠屎，就这样的饭还不能吃饱；连长、营长对任何有一点点不满的士兵动辄拳打脚踢，用皮鞭抽，往死里打，往死里踢。打死踢死就扔到山沟里了事。黑心长官不怕部队减员，相反沿途常常故意找碴，把士兵塞到县监狱里关禁闭，队伍开拔时就丢下不要了，为的是又可以多吃一个空额。

长官们还公然利用军队走私，队伍途经宣威县时，那些利欲熏心的高级军官竟然在光天化日之下，利用军车、士兵大量走私火腿，甚至要每个士兵都替他们扛一条火腿，扛到昆明高价出售。①

闻一多听了侄儿的这番哭诉，气愤到了极点，他没想到在马路上看到士兵惨遭虐待仅仅是"国军"外部的、公开的一面，其内部之黑暗竟更令人义愤填膺，难以容忍！他联系到每天耳闻目睹的残酷事实，彻夜难眠，他觉得自己再也不能允许这些黑暗腐败的事继续发生了。

他要振臂疾呼，呐喊、抨击、控诉！

这年夏天，国民党嫡系第五军军长邱清泉想拉拢知识界的代表人物，请了十几位名教授在他的军部举行所谓的时事座谈会。在会上，邱清泉假意做出开明的样子，请教授们指教。不少教授恳切地提出各类看法和意见，也不乏有人歌功颂德。闻一多却一言不发，邱清泉无论如何要他发言，并请他上坐。

闻一多便当着邱清泉和其他许多高级军官及教授的面，毫不客

---

① 闻立雕：《红烛：我的父亲闻一多》，新华出版社2009年版，第195—196页。

气地指出:"老实说,今天政治、经济、社会各方面都已经没有希望,都得重新改革,换句话,就是要造反!我们唯一还存有一点点希望的只剩下军事,而今连军事都已没有希望,日本人一打,我们就没办法守,那我们还谈什么呢!那么,现在我们只有一条路——就是革命!"①

闻一多语出惊人,顿时全场哑然,在座的人都以惊奇恐慌的神色看他,座谈会也就开不下去了。多年后,时任第五军政治部副主任的吴思珩在回忆录中提到这次座谈会时,说:"从这个座谈会中他所发表的言论里,可以了解其激烈的程度,此后我们对西南联大闻一多这批人特别注意。"②

此时的闻一多已经对国民政府不抱任何幻想和希望了。从此,凡是联大校园内,甚至昆明市的每一次群众性的集会或活动,都可以看到他的身影,都可以听到他热情激昂若雄狮吼般的声音,同时也都可以听到广大进步学生热烈拥护和欢迎的掌声。

第五军座谈会后不久,社会上传出一股流言,说闻一多被解聘了。流言传得很广,连重庆都听到了,甚至延安也有所闻。在重庆的亲友都非常关心、惦记闻一多,纷纷来信打听、慰问;《新华日报》发了消息,延安的《解放日报》还刊登了《慰问闻一多先生》的短文。

联大学生中的共产党员们为闻一多人身安全担心,特地派许师谦同学前去慰问、拜望。许师谦后来回忆说:"一个寂静的晚上,我到昆华中学的楼上,找到了他的卧室,那里摆着两张床,他一只手拿着馒头啃,一只手在磨石章,笑着说:这是我的副业,靠小手工业过活。我说明了来意,并且说我以他的学生资格,要求他爱护自己一点,因为今天讲真理的人太少,我们担当不起敬爱的长者的损失。他瞪着眼,感动得泪珠都扑簌簌地掉下来了,说:'这是做人的态

---

① 闻黎明、侯菊坤编著:《闻一多年谱长编》(下卷),上海交通大学出版社2014年版,第652页。
② 闻黎明、侯菊坤编著:《闻一多年谱长编》(下卷),上海交通大学出版社2014年版,第653页。

度……人总有心有血……我不懂政治,可是到今天我们还要考虑自己的安全吗?我很感激……可是我还要做人,还有良心。'"①

拥护共产党

闻一多曾是一位新月派诗人,他把自己的热情埋藏在内心的底层,走进中国浩如烟海的文史象牙塔里去,一见庄子,便为之"倾倒、醉心、发狂"。因为他曾经在庄子身上发现了自己。在苦闷的年代里,他从庄子的放浪形骸之外的性格和文采中去寻求慰藉。他曾经说过:在庄子的时代,士大夫这个阶层很惨,假如你不去做统治者的走狗,成为帮凶,而偏又有思想、有个性、有灵魂的话,只好装傻,叫作"佯狂"。

这位把自己内心炽烈的火焰埋藏起来的诗人,想尽量把自己关在楼上,埋身于学术之中,而他的心却常常难免跑到楼下,他的热情常常难免燃烧起来。正如他后来批判庄子的那样:"这完全是自欺,是逃避!一个人能陶醉在幻想中固然很美,却也够惨了。人,总是在现实生活中,怎么逃避得了呢?"

是的,他也不能逃避了,要走下楼来,置身于现实生活之中了,他胸中的火就要燃烧了。

闻一多怀着"路漫漫其修远兮,吾将上下而求索"的心情,要走到哪里去呢?他面前有许多路可以走,当时默默关注着他的中国共产党希望他走到群众中来,和群众一起,走新民主主义的道路。联大的党组织和他的进步学生们相信,只要他肯走下楼来,答案总是可以找得到的。但这不是一下子就能成的,需要中国共产党的引导和帮助。

1943年年底,中共中央南方局应云南省政府主席龙云之约,派华岗秘密来昆明。华岗是位具有学者气质的中共高级干部,曾任《新

---

① 闻立雕:《红烛:我的父亲闻一多》,新华出版社2009年版,第197页。

华日报》总编辑和中共中央南方局宣传部部长。华岗带来一封周恩来的亲笔信。大意是说，像闻一多这样的知识分子对国民党当局的腐败是反抗的，他们也在探索，在找出路，而且他们在学术界、在青年学生中，还是有广泛的社会联系和影响的，所以应该争取他们，团结他们。

因此，华岗到昆明后，特别注意做知识分子的统战工作，为此建议成立一个专门组织大学教授学习讨论的西南文献研究会，并请闻一多参加。

1944年夏秋之交，华岗通过云南大学教授楚图南、尚钺的介绍，与闻一多多次促膝长谈，对闻一多的启示和帮助很大。当华岗表明准备通过组织学习的办法帮助高级知识分子提高认识，征求闻一多意见时，他欣然表示一定参加，并当即介绍吴晗、潘光旦、曾昭抡等联大教授参加。

不久，学习会成立了，取名"西南文化研究会"（对外亦称"西南文献研究室"），参加者有联大和云大两校的教授闻一多、吴晗、潘光旦、曾昭抡、费孝通、闻家驷、楚图南、尚钺、冯素陶、周新民、李文宜、辛志超、罗隆基等十多人，大家商定每周至少聚会一次。最初，聚会内容侧重讨论学术问题，渐渐地转移到政治学习方面，有时讨论中国共产党的方针政策，有时分析

闻一多为西南文化研究会刻的公章

形势。华岗常借此机会把中共关于国内外形势的看法和有关方针政策介绍给大家。为了保证安全，聚会的地点不固定，有时在花园的竹丛中，有时雇一条带篷子的木船，到滇池泛舟。

当时，在国统区，想要得到一本进步书籍很不容易，西南文化研究会的成立恰好提供了一个很好的机会，他们得到《论联合政府》

《新民主主义论》《论解放区战场》等党的文献和《新华日报》《群众》等刊物，马上就拿到会里互相传阅，对政治的认识日渐提高了。

这一时期，闻一多书桌上的主要书籍已经不再是《诗经》《楚辞》《庄子》，他越来越把热望的眼睛投向中国共产党，投向延安，并且如饥似渴地阅读《整风文献》《联共（布）党史》《新民主主义论》《论联合政府》《新华日报》以及当时昆明能够找到的其他进步书刊。由于这些书籍是用当时劣质的纸张印刷的，几经传阅后，有些字迹都已模糊，但闻一多仍然伏在案头，贪婪地读着毛泽东的《新民

闻一多阅读《新华日报》

主主义论》，并且用他工整的小楷在昏暗的灯光下，写下了许多文字的心得体会和思考。①

埃德加·斯诺（Edgar Snow）的《西行漫记》（又名《红星照耀中国》）这本书是闻一多公开放在书桌上的，他通过这本书，更深入地了解了中国共产党。次子闻立雕回忆，几乎每天夜深人静之时，闻一多总要把电灯拉到床头，用报纸挡住半面光以免影响家人睡觉，然后从褥子底下抽出"禁书"，如饥似渴地认真精读。

何善周是闻一多的学生和助教，与闻一多的交往比较多。有一次他从司家营进城刚一跨进闻先生家的门，闻先生就喜形于色地指着桌上的一本精装英文书对他说："你看！我得到一本宝书，真是宝书！好哇！""《苏联共产党史》！吴春晗②先生给我送来的。看了这本书，我们天天所读的那些东西，简直都是粪土啊！"③

闻一多以高昂的热情，投入对共产党的拥护中。在1944年的译员训练班上，作为授课教师的他，将一部分《共产党宣言》（以下简称《宣言》）选入所用教材，向这些怀着爱国热情、准备投身抗战的青年学生传播真理。

读了这些书，他得出一个总的结论，就是："我现在思想豁然开朗了，过去我只晓得抽象地爱国，不知爱什么国，甚至过去我曾错误地认为'国家主义'就是爱国主义，现在我才知道'国家主义'是反动的，爱国只能爱新民主主义的国，现在为新民主主义而奋斗，将来为社会主义、共产主义奋斗。"④

从年轻时候起，闻一多就希望建立一个新中国。为此，他做过一些努力，走了许多弯路，拍案之初，他仅仅是对国家糟糕到这种地步实在看不下去，出于强烈的爱国意识和正义感而仗义执言。现在，

---

① 赵沨：《忆闻一多先生殉难前夕的二三事》，载赵慧编《回忆纪念闻一多》，武汉出版社1999年版，第86页。
② 即吴晗。
③ 闻立雕：《红烛：我的父亲闻一多》，新华出版社2009年版，第214页。
④ 闻立雕：《红烛：我的父亲闻一多》，新华出版社2009年版，第215页。

他的思想认识上了一个大台阶,他懂了,问题的根子是社会制度问题。他对青年学生们说:他年轻的时候,找不到适当的出路,读《离骚》、唱《满江红》也解决不了他的问题,整日苦闷彷徨,现在经过几十年的摸索,终于找到了真理,踏上了新的征程,像获得了新生一样,感到前途无限光明,心情特别舒畅,特别愉快。

他接受马列,拥护共产党,是经过了20多年的实践,反复求索、思考之后才作出的决定。正如他所说:"我已经上了路,摸索了几十年才成形,定了心,再也不会变了。"

他演讲稿中强调"现在的社会是不合理的,因为这社会里有阶级。一切问题都是这不合理的社会所产生,都该去找社会去算账"。他看清了"国民党腐败、独裁,靠国民党国家没有前途,抗战要靠共产党,抗战胜利后建国也要靠共产党"。从而发自内心地拥护共产党,跟定了共产党。①

我想到延安看看

闻一多在参加民主运动的过程中,结识了许多共产党人,其中有一位莫逆之交,便是著名诗人、《黄河大合唱》的词作者光未然。光未然即张光年,他当时一直使用"光未然"这个名字。抗战初期,他由周恩来提名,参加国民政府军委会第三厅工作。皖南事变后,张光年转移到缅甸去开展工作,路经昆明时,太平洋战争爆发,缅甸沦陷,交通断绝,他便留在昆明,暂住在朋友李公朴开办的北门书屋。北门书屋虽然不是很大,但二楼可以容纳十几人开会,它实际上是进步人士,特别是民盟云南省支部成立初期经常集会的一个场所。闻一多常来这里,一来二去,便与住在这儿的张光年相识了。

张光年生于1913年,比闻一多小14岁,他把闻一多看作师长,对

---

① 闻立雕:《红烛:我的父亲闻一多》,新华出版社2009年版,第217页。

闻一多十分尊重。闻一多则因为张光年到过延安，感到特别亲切，几次接触之后便无话不谈，亲密无间，建立了真诚的友谊关系。

1944年深秋的一个夜晚，张光年来到闻一多在小西门外昆华中学西南角的小屋。那晚皓月当空，月光透过两扇大玻璃窗，洒满小屋。闻一多正半倚在床头假寐，见张光年来，准备起身迎客，张光年说："不必了，您就仰靠着说话好了。"

于是闻一多提议："今晚夜色这么好，我们不开灯了，就在月下漫谈如何？"

"太好了！太好了！"张光年高兴地回答。

二人促膝长谈，越谈兴味越浓，闻一多突然坐起来，认真地跟张光年说："我想去延安看看，你能帮助我吗？"并且进一步解释说："我要去学学怎么做好组织工作。现在青年们很信任我，可是情况很复杂，而我缺乏经验，办法少，得去延安取点经。"

闻一多有这个想法已经好长一段时间了，他特别想到那个神秘的地方，尤其是读了斯诺的《西行漫记》后，这个愿望就更强烈了。

"现在不行，路不通了。"张光年说。

张光年被闻一多的真诚感动了，但他笑着回答："从昆明去，好家伙！不等你走到，半路上就给抓去了。或者没抓去，等你回来，帽子更红了，闻一多就不成其为民盟领导人的闻一多，也就不能起闻一多的作用了。"

闻一多马上低声解释说："我的意思是化名去，不告诉任何人。悄悄去，悄悄回来。"

张光年笑了，心想：闻先生真像个孩子一样天真。他耐心解释："正因为你是闻一多，保不了密，去不了延安。"

闻一多听了有些不悦，又靠回床头，嘴里埋怨着："你们这些人都是这样的，顾虑多端。"显然，这样的要求，他不止一次向其他人提过。

"就想想办法，让我去看一眼嘛！"闻一多为了争取这位同乡的

闻一多舍生取义

支持，竟用起孩子的口吻。可是，尽管张光年很理解他，却没点头。

这一天月色之下，两人谈了许久。闻一多渴望了解延安的一切，从共产党的领袖毛泽东到陕北的窑洞，对他都有着巨大的吸引力。不知不觉已经夜深，张光年准备回北门街了，但闻一多意犹未尽，说："我送送你，咱们还可以一边走一边谈。"这一送便一直走到了翠湖，张光年才发现走出这么远了，又坚持把闻一多送回昆华中学。闻一多不让他送，张光年顺口说："还可以再谈谈嘛！"一听还可以再谈谈，闻一多便同意了。就这样，两人你送我，我送你，这一晚的谈话才算结束。①

闻一多殉难后，夫人高孝贞毅然于1947年至1948年率领全家分批进入解放区，图为北平和平解放后全家人的合影。

① 闻立雕：《红烛：我的父亲闻一多》，新华出版社2009年版，第222—223页。

// "何妨一下楼主人"下楼来 //

闻一多想去延安的愿望非常强烈,直到牺牲前不久,还在计划着回北平的时候走陆路,可以借机秘密到解放区看看。可惜还未成行,便倒在了特务的枪口之下,"去延安看看"成为他最大的遗憾。

闻一多去世后,高孝贞毅然于1947年至1948年率领全家分批进入解放区,完成了丈夫的遗愿。闻立雕回忆说:"记得过了封锁线进入解放区时,全家人都为终于到了民主自由的解放区而高兴得纵情欢笑,就像是从一个极端压抑、恐怖、黑暗的世界一下进入一个春风和煦、阳光灿烂的新世界。"[①]

[①] 闻立雕:《红烛:我的父亲闻一多》,新华出版社2009年版,第308—309页。

走向民主运动的中心

1944年，闻一多加入了中国民主同盟，他多次参加昆明地区的重大政治活动和集会，一次又一次发表震撼人心的讲演。他响应中国共产党的号召，振臂高呼，反对一党专政，积极奔走在民主运动的第一线，逐渐走向民主运动的中心。

1945年11月25日，昆明学生在联大草坪举行反内战大会，遭到国民党的破坏。第二天，学生上街游行，又遭殴打阻拦。为了反抗国民党当局的暴行，闻一多参与起草了对国民党当局的抗议书。12月1日，国民党当局制造了震惊中外的"一二·一"惨案。面对暴行，闻一多怒斥其"凶残丑恶，卑鄙无耻"。在"一二·一"运动中，他始终和进步青年们在一起，并肩战斗，争取运动的胜利。

加入民盟

闻一多虽然参加了西南文献研究会，但对加入政治性团体却尚在犹豫，尽管吴晗几次动员他加入中国民主政团同盟。对于中国民主政团同盟，闻一多并不陌生，它的前身是1939年11月成立的"统一建国同志会"，1941年改名为民主政团同盟。这是政治上具有民主思想的一些党派的一个初步结合体，由青年党、国家社会党、第三党、中华职业教育社、乡村建设学会、救国会等"三党三派"组成。它的重要成员李璜、张君劢等，闻一多都较熟悉，与章伯钧也有过交往，而罗隆基、潘光旦、潘大逵都是他从清华学校起便建立了友谊的朋友。民主政团同盟的十大纲领建立在争取民族独立与民主政治基础上，对此闻一多也表示赞同。

民盟昆明支部于1943年酝酿成立，当时参与筹备的罗隆基、潘大逵曾邀请闻一多参加，却被闻一多婉拒，他说如果要加入组织，就加入共产党。

1943秋，云南《民国日报》记者、中共党员刘浩在张光年陪同下来看望闻一多，他们畅谈了两个小时。刘浩向闻一多介绍了敌后抗日根据地的情况以及党的主张，同时也讲到了国民党当局阴谋对日妥协、准备反共的情况。闻一多激动地批判国民党专制腐败，他认为国民党没有希望，中国的事情完全寄托在共产党身上了，还谈到他自己在黑暗中探索了半辈子，现在才看到中国的光明之路就是共产党指明的道路，他愿为此奋斗不息。他提到有人邀他参加民盟，他正在考虑，觉得参加民盟不如参加共产党。刘浩劝闻一多说："参加民盟更方便活动，有利于推进民主运动。"

不久后，已经加入民盟的吴晗受组织委托，来争取闻一多加入民盟，两人进行了一次亲切长谈。起初，闻一多有些犹豫，因为对民盟中的人士不了解，不愿轻易介入其中，但经过认真考虑后，便同意加入民盟。他说："国事危急，好比一幢房子失了火，只要是来救火，不管什么人都是一样，都可以共事。"他还表示，将来一定要争取参加共产党。

于是，这年秋天，闻一多以个人身份正式加入中国民主同盟，不久便当选为民盟云南省支部委员，兼任《民主周刊》编委。

从此以后，闻一多和吴晗成了并肩战斗的战友、亲密无间的同志，民主运动中的许多事情都是两人一起做的。后来两家又恰好同住在一个院子里，斜对门，有什么活动两人总是并肩而行，同去同回，不是这边喊一声"春晗，走吧"，就是那边喊一声"多公，时间到

了"。那时候进步同学召开的集会,他们两人几乎是每会必到,发表演说,抨击国民党当局专制腐败。起草宣言、声明一类文稿,吴晗拟稿,闻一多润色;民盟的工作,两人都是支部委员,一个负责宣传,一个负责青年,两人都是民盟与民主青年同盟(以下简称"民青")的联系人。总之,两人配合得很好,思想和行动相当一致,甚至相约将来一起申请加入共产党,民主实现后,再一起回到书斋好好读书,搞研究。①

闻一多对民盟工作投入了相当大的激情。吴晗回忆:"当时民盟经费紧张,请不起人,有文件要印刷时,他总是自告奋勇写钢板,不管多少张,从头到尾,一笔不苟;昆明当时还没有公共汽车,私家也无电话,任何文件要找人签名,跑腿的人一多一定是一个。要开会,分头个别口头通知,他担任了一份,挨家挨户跑,跑得一身大汗,从未抱怨过半句。"②

闻一多不是不知道自己所选择的道路充满荆棘。有一次,他对前来看望的学生说:"我从'人间'走入'地狱'了。"沉默了好一会儿,他的语气变得沉重,他讲起了过去的日子:"以前,我在龙头村,每回走进城,上完了课,又走着回去。我的太太总是带着小孩到半路上来接我,回到家,窗子上照着的已是夕阳了。孩子围在身边,我愉快地洗完脚,便开始那简单而可口的晚餐。我的饭量总是很好的,那一天也总过得很快乐。"他忽然点燃一支烟,站了起来,感慨着结束了他的谈话:"现在,这种生活也要结束了。"旧的生活结束了,也正意味着全新的生活就要开始了。③

加入民盟后,闻一多融入一个强大的集体之中。他的奋斗不再孤单,他的爱国情怀更为明确了。有一次,他和几个青年谈到他加入民盟的原因,他说:"以前我们知识分子多少带着洁癖,不过问政治;

---

① 闻立雕:《红烛:我的父亲闻一多》,新华出版社2009年版,第200页。
② 吴晗:《哭一多》,载王子光、王康编《闻一多纪念文集》,生活·读书·新知三联书店1980年版,第61页。
③ 刘志权编:《闻一多传》,团结出版社1999年版,第240—245页。

现在却是政治逼着我们不得不过问它了。也就是说，我们是应该参加政治活动的，在中国当前的政治情势中，要参加有组织有纪律的政治活动，只有参加共产党或民盟。有些人没有勇气参加共产党，因为那种战斗生活是异常艰苦的。又有些人还不了解共产党，因为国民党当局在各方面封锁得太严格了。在这种情势下，我们参加民盟，在争取民主的斗争实践中锻炼，逐步改造自己，提高自己，也是很好的。"[1]此后，闻一多将身边的助教、研究生何善周、季镇淮、范宁、王瑶等，都陆续介绍加入了民盟。

随着国际国内形势的发展，西南联大校内的各种进步活动在中共云南党组织的领导下，日益发展。从形形色色的读书会、壁报社到各类社团，活动越来越多，队伍越来越大，声势和规模也越来越大，参加的人数少则几百人上千人，多则几千人上万人。在这其中，西南联大名副其实地发挥了"民主堡垒"的作用，皖南事变后不过一年多的时间，联大和昆明沉闷的空气一扫而空，民主运动大踏步地向前发展。闻一多也在一个接一个的运动中经受了锻炼，积累了经验，开阔了眼界，增强了信心和力量。他的演讲、文章和活动不再仅仅出于爱国热情和正义感，而是和全国的斗争紧密配合，使他成为一名与进步学生们并肩战斗的斗士。

保卫大西南

闻一多加入中国民主同盟时，正是国民党正面战场遭遇豫湘桂大溃败、西南大后方遭受严重危机的时刻。一面是国际反法西斯战争形势一片大好，胜利在望；一面是国民党正面战场的大溃败，国民党内战内行，外战外行。全国各界人士莫不群情激愤，忧心如焚。

1944年9月15日，中国共产党针对当前的危局，在第三届第三次国

---

[1] 凌风：《回忆闻一多同志》，载《光明日报》1950年7月15日。

民参政会上提出了立即结束国民党一党专政、成立民主联合政府的主张。全国各界人士、各阶层人民、各民主党派纷纷发表谈话、声明，热烈响应。大后方各省市、各地区迅速掀起了反对专制独裁、争取民主的民主运动。

当时，云南省工委决定，为了进一步推动民主运动，积极扩大民主统一战线，除了与民主同盟联合发动知识分子外，还把统一战线扩大到云南地方势力中去。于是抓住双十节纪念和十二月的云南护国纪念日，把民主运动从学校推向社会。

闻一多此时已经全身心地投入这样的民主运动高潮中去了。他几乎逢会必到，到会必讲话。1944年10月10日，辛亥革命三十三周年纪念日活动，便是闻一多加入民盟后的第一件大事。

民盟云南省支部与在昆明各高校及云南文化界联合发起，在昆华女中的操场上召开了"纪念双十节，保卫大西南"的群众大会。

闻一多是大会主席团成员。大会由李公朴、闻一多和吴晗等人和云南地方的代表人物主持。虽然国民党省党部事先百般威胁，散布谣言，明令警告各校校长和工厂厂长，不准学生和工人参加，然而还是有五千多人参加大会。大会开得很热烈，楚图南、吴晗、李公朴、闻一多等人和云南本地的士绅都上台讲演。闻一多作了题为《组织民众与保卫大西南》的演讲，内容着重讲了靠人民自己保卫大西南的问题，体现了共产党人民战争和持久战的思想。他号召人们用奋发的心情准备迎接敌人的进攻，并且走到敌后开展游击战争，他强调："保卫国土最后的力量恐怕还在我们人民自己身上，最可靠的还是我们人民自己……我们今天要争民主，便当赶紧组织起来，有了这个基础，便更有资格，更有力量来争取更普遍的、完整的和永久的民主政治！"他精彩的演讲把大会推向高潮。

正在这时，国民党特务混在人群中，暗放大型爆竹，声震会场，并大叫："放手榴弹了！"企图引起惊慌，破坏大会。但是国民党特务的阴谋落空，关键时刻闻一多和李公朴挺身而出，并肩作战，维持了秩序，群众并未惊散，相反地更激起他们的义愤，自动组织起来，纠察会场。当特务再度捣乱，就当场把他们捉住，并且把他们赶出会场。其他特务见势不妙，也逃之夭夭。①

大会最后，闻一多宣读了《昆明各界双十节纪念大会宣言》，这份宣言由罗隆基起草，由闻一多润色，中间经过了数次修改。闻一多铿锵有力地念出这振奋人心的文辞：

> 外则强寇深入，二十余省沦于敌手，三亿以上人民变为奴隶。内则政专于一党，权操于一人，人心涣散，举国沸腾。先人苦心缔造之民国，国既不成国家，民更不是主人，瞻念前途，不寒而栗！

宣言中最重要的是响应中共关于结束国民党一党专政，成立民主联合政府的主张，明确宣布挽救危亡之道是"立即建立联合政府，保障人民身体、言论、集会、结社、自由，释放一切政治犯，改革财政经济政策，停止通货膨胀，减轻人民负担，提高士兵待遇，平均分配全国军队的装备与供应"，等等。最后一句实际上就是要求给八路军、新四军，当然也包括一直受歧视的云南地方军平等待遇。这是昆明最早响应中共结束国民党一党专政、成立联合政府主张的宣言，在整个大后方也是响应中共主张比较早者之一。

最后，闻一多振臂高呼："动员一切力量，保卫大西南！"

会后，有学生党员到闻一多家中去拜访。闻一多对大会的成功召开表示很兴奋，对于群众情绪的镇定，捉住特务，特别满意，说："他们叫得那么凶，也不过是放两个爆竹罢了。"说罢哈哈大笑。学生轻声提醒他："不过他们是什么坏事都干得出来的。"②

---

① 马识途：《马识途文集·风雨人生》（下），四川文艺出版社2005年版，第413页。
② 马识途：《马识途文集·风雨人生》（下），四川文艺出版社2005年版，第414页。

闻一多舍生取义

发扬护国精神

　　1944年是昆明反独裁、争民主斗争大发展的一年。中国共产党因势利导，抓住每一个有利时机开展活动。中国民主同盟为响应中国共产党的号召，发表了《对抗战最后阶段的政治主张》，提出"立即结束一党专政，建立各党派之联合政府，实行民主政治"的主张。为了进一步表达这一政治要求，民盟云南省支部决定利用合法形式，在12月25日云南人民护国起义29周年纪念日召开纪念大会。

　　12月25日是蔡锷及唐继尧两将领在云南发动护国起义的日子，这个起义是云南人民的莫大光荣。纪念这个日子可以极大地有利于团结和激发更多的云南人民参加反对蒋介石专制独裁的斗争，扩大统一战线。在筹备过程中，民盟几位负责人商定了开会地点、发起团体、会议程序等，并将联大新诗社作为发起团体之一，由闻一多负责联系。

　　这一天，云南大学会泽院右侧广场上聚集了五六千人，除大中学师生外，还有工人、公务人员、青年、市民、军官，以及当年的护国元老和其他民主人士，龙云的夫人顾映秋也出席了大会。

　　潘光旦任大会主席，护国元老龙云、白小松，护国将领黄斐章及唐继尧的儿子唐筱蓂等人士都发了言。会议不断有人发言，开得很长，后面还安排了游行，群众情绪略有松散，但当闻一多站到台前，几句话又把情绪鼓动起来了。

　　他问："三十年了，居然国家还像三十年前一样，难道袁世凯还没有死吗？"

　　群众哄然大笑起来，齐声说："是的，没有死！"连坐在台上的护国元老们也笑了。

　　闻一多回头对他们说："你们比我清楚，你们知道怎样对付袁世凯！护国起义的经验告诉我们，要民主，必须打倒独裁！因为全国人民都要求民主，就可以得到全国的响应；有广大人民的支持，就能打倒袁世凯！三十年后，我们所要的依然是民主，要打倒的依然是独裁！"①

台下一片掌声和怒吼声。

最后他呼吁："让我们就从昆明开始，继承护国精神，扩大民主运动，争取更大的胜利！"最后，大会通过了吴晗起草、闻一多润色的《云南各界护国起义纪念大会宣言》。宣言郑重提出结束"一党训政"、召集人民代表会议、组织联合政府等三项要求。

会后举行了群众游行，闻一多、吴晗、潘光旦等三位教授及几位云南地方势力代表人物一起，走在游行队伍的最前列。人们高呼着："发扬护国精神，消灭法西斯蒂！""动员民众，武装民众，保卫大西南！"

学生马识途回忆道："他是那么沉着和坦然地走在前头，微笑着，飘着美髯。一些云南地方的进步人士也参加了游行。经过昆明闹市，一些市民也参加进来。最有意思的是有些本地军警，有意地随行两侧，暗地进行保护，使国民党特务无法捣乱。"②

队伍越来越长，闻一多回头看看，十分高兴，他抑制不住内心的喜悦，用他的诗一般的语言朗诵道：

> 你们看，我们的队伍这么长，
> 这是人民的力量。
> 因为是人民的力量，所以是伟大的，谁也不敢抵挡。
> 这是时代的洪流，它要冲垮一切拦在路上的障碍！
> 1944年就要过去了，我们要更好地迎接1945年。
> 让那些嫉妒我们、害怕我们的人发抖吧！③

---

① 闻黎明、侯菊坤编著：《闻一多年谱长编》（下卷），上海交通大学出版社2014年版，第703页。

② 马识途：《马识途文集·风雨人生》（下），四川文艺出版社2005年版，第415页。

③ 闻黎明编：《闻一多画传》，河南人民出版社2005年版，第119—128页。

闻一多舍生取义

　　1944年五四运动纪念周之后，昆明的民主运动一个接一个，从七七抗战纪念，到双十节纪念、护国起义纪念，一连串大型活动，将民主氛围推向高潮。闻一多和进步人士们一道，在这一浪高于一浪的斗争中，并肩战斗，勇往直前，共同为西南联大赢得了"民主堡垒"的称号，他也成为民主堡垒中一名英勇的斗士。

　　当进步青年为闻一多的转变感到开心时，闻一多却成了国民党当局的"眼中钉""肉中刺"。国民党当局或警告联大，制止闻一多的政治活动；或故意刁难、扣留或乱删他的稿子，不准报刊刊登他的文章，弄得他只得改名换姓发表文章；或派人监视闻一多的活动，对他造谣诋毁，防止他继续在青年中发生影响；或故意破坏他刻图章贴补家用的牌子，试图让他陷入饥寒交迫的境地。

　　不久，昆明知识分子中间出现一种流言，说什么"闻一多想出风头，赶时髦"，"别听闻一多那一套，他还不是肚子饿得发慌，才变得这么偏激"，甚至说他是"神经病"，叫他"闻疯子"。

闻一多全家在昆明西仓坡教职员宿舍前

流言也传到闻一多的耳朵里，可他并不生气。有一次，他在一个小会上，谈到这件事时，坦然地说："这话也有几分道理，我确实挨过饿，正是因为我挨过饿，才能懂得那些没有挨过饿的先生们所无法懂的事情。正是因为我现在能够稍微吃得饱一点，有点力气，我就要把这些事情讲出来，是不是这就是'偏激'？让那些从来都是吃得很饱很饱的先生们，爱怎么说就怎么说吧。"但是，他沉痛地指出："我只知道国家糟到这步田地，人民痛苦到最后一滴血都要被压榨光，自己再不出来说说公正的话，便是可耻的自私！"

　　这年底，西南联大在西仓坡兴建的教职员工宿舍完工了，学校用抽签法分配住房，闻一多家和吴晗家都抽中了，1945年1月，两家人搬进了西仓坡的宿舍。

"五四"大检阅

　　1945年春天，世界反法西斯战争形势明显好转，盟军在欧洲即将取得胜利。4月16日，苏军向柏林发动进攻，5月2日攻克柏林。可是国内正面战场却一败再败，充分暴露了国民党政府的腐败无能。废除国民党一党专政、实行民主政治、团结抗战，已成为社会各界的一致呼求。中共正在召开第七次全国代表大会，制定战后建立一个独立、自由、民主、统一、富强的新中国的方针政策。昆明文化界342人联名发表《关于挽救当前危局的紧急呼吁》，提出建立联合政府、召开国是会议、解散特务组织、改组国家最高统帅部等四项主张。

　　联大学生代表大会召开会议通过了《国立西南联合大学全体学生对国是的意见》，拟订了纪念"五四"的活动计划，准备组织规模空前的"五四"纪念周。这个意见同联大、云大、中法、英专四校学生自治会商量，他们完全同意。

　　计划刚宣布，国民党就开始阻止破坏。他们清楚，一旦活动办

起来，将有成百上千的群众拥入进步政治斗争的行列里来，因此他们用了各种方法破坏。一面发出密令，不准工厂、商店的职工和中学生去联大过节，不准报纸刊登活动消息；一面赠送电影票以分散学生。但是联大学生并不畏惧，更不上当，并且趁机出版了《联大通讯》，发了《五四特刊》，由参加活动的群众带回去传播，大中学生都知道了，"五四"纪念活动按计划如期召开。

"五四"纪念于4月30日拉开帷幕。当天晚上，联大学生自治会举办了科学晚会。5月1日晚，联大、云大、中法大学、英语专科学校等四大学联合在云大至公堂举行音乐晚会，由各校歌咏队演出。演唱的歌曲有《五月的鲜花》《民主青年进行曲》等。联大高声唱歌咏队还联合昆明市歌咏团体演出了《黄河大合唱》。

此后，差不多每天都有群众活动，除了联大、云大、中法大学、英语专科学校的学生教员参加外，还有许多中学的老师、学生、职员、工人来参加。"到联大过节去"已经成为昆明流行的口号。

5月2日，国民党云南省执行委员又通过昆明市政府，向各校下达密令，称"五四"纪念周活动"皆有不轨言行发生可能"，要求各校严防学生参加"非法活动"。尽管如此，纪念活动仍按计划举行。

这天晚上，闻一多参加了由联大新诗社举办的"诗歌朗诵晚会"。朗诵晚会在联大东食堂举行，到会2000多人。作为新诗社的导师，闻一多登台讲演，高度赞扬文艺的民主方向。他提出，唤醒农民，"语体文已不适用"，反而需要"通俗的秧歌剧、街头剧，接近土地的音乐，为任何人所了解的朗诵诗"。他进而提出中国新文艺应该彻底反映现实，提出"让文艺回到群众中去"的口号。何孝达、刘振邦、何兆斌、李实中、朱自清、张光年等相继登台朗诵诗歌，许多同学朗诵了歌颂抗战、反映现实生活的诗篇。

会上，闻一多朗诵了解放区诗人艾青的《大堰河》，他的朗诵富有感情，让人印象深刻。在场的朱自清后来回忆说："自己多年前看过这首诗，并没有注意它，可是在三十四年昆明西南联大的"五四"

纪念周朗诵晚会上听到闻一多先生朗诵这首诗,从他的抑扬顿挫里体会了那深刻的情调,一种对于母性的不幸的人的爱。会场里上千的听众也都体会到这种情调,从当场热烈的掌声以及笔者后来跟在场的人的讨论可以证实,这似乎是那晚上最精彩的节目。"

5月3日晚上在联大东食堂举行的"五四"青年座谈会最热闹,到会3500多人。会上,闻一多被邀请第一个发言,他追忆了"五四",提出"读书的人不是人云亦云的,也不被人利用离间的,我们应以读史的眼光来看我们所处的时代"。除了学生、教授讲话,还有中学生和工人讲话,大家一致提出要建立昆明学联,领导民主运动。结果是众望所归的齐亮,当选为昆明学联主席。

这时,在拥挤的人群的最后面,忽然出现了几个穿皮夹克、戴墨镜的人,有一个人还牵着一条狼犬。他们以为用这样的架势,可以吓唬一些怕事的人。但是谁也不理会他们,各个角落布置好的纠察队

1945年"五四"纪念会上,闻一多发表演说

闻一多舍生取义

早有准备，纠察队员故意走过特务身边，指着他们带来的狼犬说："哼！狗也来了！"这一下，引来许多人的视线，盯住他们，并且为这一句双关语大笑起来，接着嘘声四起。这几个家伙感到众怒难犯，只好灰溜溜地走了。①

"五四"纪念周的高潮是5月4日下午的示威游行。西南联大、云大、中法大学、英语专科学校等四校学生自治会在云大操场联合举办"五四"纪念大会，6000多人挤到云大操场，情绪特别高涨。闻一多、潘光旦、潘大逵、曾昭抡、吴晗、李树青等教授出席大会。

会议刚开始不久，天公不作美，突然下起雨来，有人找地方避雨，秩序有些混乱。大会主席在台上叫大家不要动，站好队，但是效果不太好，组织者们只好请求闻先生上台去号召一下。

闻一多马上站起来，冒着大雨，向正在四散躲雨的人群高声说："是青年的都过来！是继承'五四'血统的青年都过来！"

他说："同学们，我给你们讲一个古代的故事。周武王决定起义，要去打倒暴君纣王，出兵的那一天，正像今天一样，忽然下起大雨来，许多大臣觉得不吉利，劝周武王改期。这时管占卜的人出来，说这不是坏事，这是'天洗兵'，是天老爷帮忙来了，把兵器的灰尘洗得干干净净，打击敌人更有力量啦。"

这时，他的衣服被雨湿透，连眼镜上也沾满雨珠，看不清了，可他全然不顾，把手一扬，大声地说："我们今天也正碰上这个机会，这也是'天洗兵'，不怯懦的人回来，勇敢的人走进来！"

在闻一多的号召下，那些躲雨的人停下脚步，又都回到操场中，冒着雨继续开会。

一会儿雨停了。大会继续进行，通过了《昆明各大中学校"五四"纪念大会通电》，其中强调：当前的首要任务是废除一党专政，召开国是会议，组织联合政府。

随后，参会的人们参加了盛大的游行，游行队伍途经青云街、武

---

① 马识途：《马识途文集·风雨人生》（下），四川文艺出版社2005年版，第427页。

成路、福照街、光华街、正义路、金碧路等昆明主要街道，传单像雪片般撒向四方，万人空巷，市民们都出来站在街旁观看，还有的在游行群众的欢迎之下，加入游行队伍。

一路上，人们高呼"立即结束国民党独裁专政！""建立联合政府！""取消特务！"口号声响彻街巷。队伍越来越长，最后会合成一支万人队伍。人们把这支队伍称作"民主坦克""民主轰炸机""民主航空母舰"。闻一多和几位教授始终走在队伍的最前列。在近日楼，闻一多回头望去，正义路被队伍摆满了，何止万人，他高兴地笑了。

队伍回到云大操场，闻一多又站到台上去。他望着大家，激动地说："'五四'过去26年了，我们大半个国家还在受苦受难。我们今天第一要民主，第二要民主，第三还是要民主！"他的声音越来越大，"没有民主不能救中国！没有民主不能救人民！"

他进一步说到现在的时代和"五四"的时代不同，要求的民主也不是过去那样的民主。他虽然没有明说，但是谁都听得出来，现在人

1945年"五四"大游行

闻一多舍生取义

抗战胜利后，闻一多剃去长须，以示庆祝和纪念

们要的是新民主。最后他说："今天大会的胜利，证明我们的要求是正确的，是受到人民拥护的，我们也一定会得到更大的胜利！但是要记住，反对人民的人并没有睡觉，我们不能麻痹，不能自满。我们要更好地团结起来，保卫我们的胜利，争取更大的胜利！"①

这一天，联大学生自治会还发行了铅印的《联大通讯·五四特刊》，联大各文艺社团共出30多种壁报纪念"五四"，联大壁报联合会刊出了8版的《联合壁报》，登载了对18位教授的访谈。这些书刊和壁报对"五四"精神进行了深入的阐释和广泛的开掘，产生了长远的社会影响。②

纪念周的活动一天接一天，盛况空前，这在国统区，是抗战以来前所未有的，震撼极大，影响极远。

在"一二·一"运动中

抗战胜利后，国共双方在重庆举行和平谈判，并于1945年10月10日签署《双十协定》，但是协定墨迹未干，蒋介石当即调动百万大军向解放区疯狂进犯。而在昆明，早在1945年10月3日，蒋介石就密令杜聿明趁龙云主力赴越南受降、昆明城内空虚之机，调动嫡系部队包围了云南省政府驻地五华山和省主席龙云的威远街住所，胁迫龙云下

---

① 马识途：《马识途文集·风雨人生》（下），四川文艺出版社2005年版，第428—429页。
② 李光荣：《西南联大的五月四日》，载西南联大研究所编《西南联大研究》（第一辑），中国大百科全书出版社2004年版，第79页。

台,并趁机改组了云南省政府,任命李宗黄代理云南省主席,关麟征为省警备总司令,以加强对云南的控制。昆明原本相对宽松的政治环境为之逆转,民主运动进入了一个更为艰苦的斗争阶段。

形势突变,华岗立即撤退转移,不久张光年也匆匆离去。华岗临行前,特别叮嘱闻一多和吴晗今后行动要谨慎,注意保存力量。此前,华岗也曾提醒他们注意斗争策略,为了保证个人安全,要适当减少公开出面,在下面多做工作;为了扩大影响,要注意团结争取大多数,尽可能推动更多的人站出来讲话,这样对斗争更有利。他俩也认为这一提醒非常重要,承诺在实际斗争中一定注意。

1945年11月,进攻解放区的国民党正规军已达80多万人。11月5日,为反对内战、争取和平,中共中央发出"全国人民动员起来,用一切方法制止内战"的号召;国统区各地积极响应,纷纷开展反内战活动。具有光荣传统的昆明青年,又一次站在了斗争的前列。

在中共云南省工委的领导下,11月23日,由西南联大、云大、中法大学、英语专科学校等四校学生自治会发起,决定于11月25日在云大至公堂举办"反内战时事晚会";但遭到国民党当局禁止,并强迫云大校方不准将至公堂借作会场。

11月24日晚,昆明学生联合会五位负责人来到西仓坡教员宿舍,请闻一多出席次日晚举办的"反内战时事讲演会"。闻一多对讲演会非常支持,但由于之前华岗的提醒,要他减少公开露面,便对学生表示自己不准备出席;但与吴晗建议请杨西孟为指导,请伍启元主讲。这些建议受到学联的重视,他们邀请了钱端升、伍启元、杨西孟、费孝通等人参加,并推杨西孟为指导,伍启元为主讲。

11月25日晚,时事晚会改在西南联大图书馆前大草坪举行,到会的有6000多名师生和各界人士,钱端升、伍启元、费孝通、潘大逵等四位教授先后在会上发表演讲,呼吁制止内战,成立民主联合政府。

在会议期间,国民党中央第五军包围了联大校本部,并切断电源,鸣枪放炮;还派特务查宗蕃捣乱,企图扰乱会场,破坏晚会。群

众揭穿了特务的面目，将其赶出会场；师生冒着敌人的枪弹，点着小汽灯，聆听四位教授的讲演。大会通过了四大学学生团体建议：发表反对内战宣言，呼吁美国人民和政府，反对美军参加中国内战的提案。大会在《我们反对这个》的反内战歌曲中结束。

大会进行时，闻一多正在探望大病初愈的罗伯特·白英。9时许，突然学校方向传来一阵枪声。白英听了很惊讶地说："可能有人放鞭炮吧！"闻一多忧心地说道："你来中国多久了？四年了，你难道分辨不出枪声吗？"话音间又噼噼啪啪响起枪声，谁也不再怀疑这是什么声音了。

大家没有想到，原本是校内寻常的民主集会，会遭到国民党军队的横加干涉和暴力威胁。为了防止意外，晚会提前结束，可人们走出校门，发现荷枪实弹的军队阻断了交通，城门也紧闭起来。多数人只好在寒冷的夜里受冻挨饿。学生们群情激奋，为抗议国民党破坏民主集会，四大学学生自治会当晚议决联合罢课。

第二天黎明，闻一多得知学生罢课的消息，想起华岗离昆前的话，不免为学生担心。早饭后，闻一多和吴晗便匆匆赶到学校，了解有关情况。这天，国民党中央社发表了"西郊匪警，黑夜枪声"的消息，完全颠倒黑白、混淆是非，这更加激起了学生的愤慨。

下午，联大学生自治会召开全校学生代表大会，通过了罢课宣言，提出了复课条件。为反对暴行，昆明市学联成立"中等以上学校罢课联合委员会"（以下简称"罢联"），并召开大会，发表了《昆明市大中学生为反对内战及抗议武装干涉集会告全国同胞书》，许多学生到街头讲演，遭到暴徒的追捕。学生们不畏强暴，继续写标语、画漫画，揭露国民党的暴政。闻一多、吴晗对罢课宣言、罢联所提复课条件和民青、罢联的工作部署表示完全赞成。次日，云南当局组织"反罢课委员会"，派出军警殴打上街宣传的学生。

罢课之初，联大教授们的态度表现出空前的一致，无论是国民党员或是平时本不大过问政治的人，都认为对集会自由的破坏毫无道理。

29日的教授会议上，几乎在没有异议的情形中，通过了这样一项至为重要的决议："站在教育立场，对本月25日晚军政当局行为，认为重大污辱，应依校务会议决议原则加强抗议。"会上推举闻一多、冯友兰、张奚若、钱端升、周炳琳、朱自清、赵凤喈、燕树棠等八人组成起草抗议书委员会。

抗议书当天便油印散发，它指出，"集会言论之自由载在约法，全国人民同应享受，大学师生自无例外，且断非地方军政当局所得擅加限制"，"本大学举行晚会之时，竟有当地驻军在本大学四周施放枪炮，断绝交通"，"不特妨害人民正当之自由，侵犯学府之尊严，抑且引起社会莫大之不安。兹经同人等于本日集会，全体一致决议，对此不法之举，表示最严重之抗议"①。

这是联大有史以来以全体教授名义对政府的第一次公开批评，同时也是他们对青年学生的公开声援。

"一二·一"运动中被捣毁的西南联大新校舍大门

---

① 闻黎明、侯菊坤编著：《闻一多年谱长编》（下卷），上海交通大学出版社2014年版，第812页。

一波未平一波又起。12月1日,云南省代主席李宗黄、省警备总司令关麟征指使数百武装特务冲进联大、云大等处血腥镇压学生运动,杀害师生4人①,重伤25人、轻伤30余人,制造了震惊中外的"一二·一"惨案。闻一多、吴晗得知惨讯后,立即赶到学校,亲眼看到校门前留下了几摊污血,校门被捣毁的惨景。在路上遇到同学抬着殉难者的尸体时,他俩浑身颤抖,忍不住放声大哭。

惨案发生当天晚上,在一线指导罢联工作的民主青年同盟负责人洪季凯去找闻一多、吴晗。三人见面后一起痛哭失声,好一阵才平静下来,开始交换情况,商量下一步工作。闻一多和吴晗表示,教授会、民盟中的教师和文化出版界方面,由他俩负责,民青和罢联有什么要求,可以委托他俩办理。洪德铭则着重从党的领导方面将如何坚持、扩大斗争的方针和民青的工作部署向他俩做了详细说明,并约定每天碰头一次,商量如何配合行动。闻一多说:"大事不先和民青商量,决不随便向外表态。"

闻一多还对烈士入殓仪式、灵堂布置、成立治丧委员会、加强对外宣传、做好争取教授工作等方面,提出了具体意见,吴晗也做了补充。中共云南省工委得知后深表赞同。第二天,罢联关于上述工作的安排,大都是按照这些意见办理的。

12月4日,罢联举行烈士公祭,控诉国民党当局的罪恶。设在联大图书馆的烈士灵堂,庄严肃穆,"党国所赐"的横幅特别醒目,它有力地揭露了国民党当局的暴政。闻一多带着悲愤的心情参加了入殓和公祭。他怀着巨大的悲痛和愤怒,两次前去吊唁,又捐款又献挽词——"民不畏死,奈何以死惧之"。截至24日,前来公祭的团体达650多个,群众约15万人次,捐款法币近3000万元。

罢联根据省工委的部署,组织了上百个宣传队。从12月2日起,宣传队走上街头、郊区宣传,并深入居民中演讲,向各界群众说明事

---

① 四位烈士分别为:南菁中学教师于再,联大师范学院学生潘琰、李鲁连,昆华中学学生张华昌。

进入灵堂参加四烈士公祭的人们

实真相；控诉国民党当局的罪行，以争取社会各界同情和支持，孤立国民党当局。学生宣传队在街头演讲、散发传单，为四烈士筹募殡葬费而进行义卖活动。中国民主同盟云南省支部发言人发表了对制造"一二·一"惨案的抗议，联大教职员致函慰问受伤同学。在运动中全市中学生勇敢参加斗争，坚持罢课的中等学校达37所，轰轰烈烈的反内战、争民主运动震撼了昆明城乡。

迫于各界舆论压力，12月7日，蒋介石发表所谓《告昆明教育界书》，称"目前一切问题必以恢复课业为前提"，并于8日将关麟征"停职议处"，派霍揆章接任云南省警备总司令。国民党教育部次长朱经农和新任北大代校长、西南联大常委傅斯年等亦被派到昆明"调查处理学潮"。

19日下午，西南联大召开该年度第七次教授会议，会议在梅贻琦的主持下决议起草《告学生书》，"说明教授会决吁请政府对此次事变之行政首脑人员予以撤职处分，务期达到目的"，并推派三位教

授和学生一道参加对政府的谈判。20日,梅贻琦又主持召开教授会,通过了法律委员会起草的控诉李宗黄、关麟征、邱清泉的两份《告诉状》,分别向重庆实验地方法院、国民政府军事委员会控告三人"利用职务上之权力及方法,阻扰集会、妨害自由、聚众强暴、扰乱秩序、滥用权力、违法杀人、施毒打、轰炸于学生,加侮辱、伤害于教授、败法乱纪、罪大恶极",要求"依法严惩"。同日,罢联召开昆明市大中学校学生代表大会,根据西南联大罢委会的建议,修订、公布了五项复课条件。当晚,梅贻琦找联大学生自治会理事谈话,郑重表示学生所提五项复课条件,可以逐项实现。

24日,国民党云南省党政军新领导人宣布接受学生全部复课条件。同日,李宗黄在一片唾骂声中,悄然离开昆明。26日,国民党昆

1946年3月17日,"一二·一"四烈士出殡,前排有查良钊、李继侗、闻一多、学生会吴显钺等

明《中央日报》刊登《梅贻琦常委熊庆来校长举行记者招待会报告"一二·一"惨案真相》，罢联也登报刊登《"一二·一"惨案经过》和复课启事，重申了昆明3万学生反内战、争民主的正确主张。"一二·一"运动取得了阶段性胜利。

昆明学生复课后，立即转入了新的斗争。1946年3月17日，昆明学生联合会为"一二·一"四烈士举行公葬和盛大游行。出殡行列以"一二·一死难四烈士殡仪"的横幅布标为前导，撞击自由钟开路。闻一多作为治丧委员会常务委员，与学联理事及云大校长熊庆来、联大训导长查良钊等组成殡仪主席团，走在最前列。虽然军警头一天挨户警告："学生出殡，不准出来看。"但还是无济于事。出殡这天人山人海，由昆华工校、昆华师范、云大附中、昆华女中、联大工学院、云南大学等校师生组成的3万多人队伍于上午11点从联大新校舍出发，行经昆明的主要街道包括近日楼、金碧路、护国门等地，沿途均设路祭台；昆明群众涌向街头，含悲注目，送别四烈士，许多人直接参加到送殡的行列里来，队伍越走越长。

下午，殡仪队伍回到西南联大校本部，举行四烈士公葬仪式。闻一多站在写着"'一二·一'四烈士公墓殡仪典礼"的松柏牌坊下，主持祭礼。晚风吹来，吹动他那破旧的长衫，一片晚霞洒落在他的乱发上，他悲痛而豪壮地读了悼词："四烈士永远安息在民主堡垒里了，他们是民主的种子。我们活着的，道路还远，工作还多。杀死烈士的凶手还没有惩办，今天我们在这里许下诺言了：我们一定要为死者复仇，要追捕凶手。我们这一代一定要追还这笔血债，我们要追捕凶手到天涯海角。我们这一辈子追不到，下一代还要继续追……血债是一定要用血来偿还的！"[①]

墓地选在联大新校舍的东北角，墓门是两根石雕火炬柱，其基座上刻有由闻一多撰文的《一二·一运动始末记》；墓道尽头，石砌高台上并排着四个墓穴，墓后是自由女神浮雕石屏，下刻冯至等人的5首

[①] 马识途：《马识途文集·风雨人生》（下），四川文艺出版社2005年版，第444页。

闻一多舍生取义

"一二·一"运动四烈士墓

悼诗。

　　"一二·一"运动吹响了解放战争时期国民党统治区爱国民主运动的战斗号角，它给国民党当局以沉重的打击，丰富和发展了青年学生运动的经验。大量的群众迅速地革命化起来，觉悟提高了，大批的人加入了民青组织，成为自觉的民主战士；其中许多人加入了共产党，成为一颗颗革命火种，撒向四方，把"一二·一"运动的精神带到了全国各地。解放战争全面爆发后，他们与工人运动、农民运动结合起来，形成了反对国民党统治的第二条统一战线；加速了革命胜利的进程，成为继五四运动和"一二·九"运动以来最深入、最持久、规模最大的一次爱国学生民主运动。"一二·一"运动高举和平、民主的旗帜，代表了抗战胜利后全国人民的根本利益，反映了全国人民共同的迫切要求，得到了全国各地人民群众的广泛支援，逐渐成为全国性的反内战、争民主的爱国运动。

正如闻一多在《"一二·一"运动始末记》中写道的：

愿四烈士的血是给新中国历史写下了最新的一页，愿它已经给民主的中国奠定了永久的基石！如果愿望不能立即实现的话，那么，就让未死的战士们踏着四烈士血迹，再继续前进，并且不惜汇成更广大的血流，直至在它面前，每一个糊涂的人都清醒起来，每一个怯懦的人都勇敢起来，每一个疲倦的人都振作起来，而每一个反动者都战栗地倒下去！

他在长文最后写道：

四烈士的血是不会白流的！

最后的吼声

抗战胜利以后，人们渴望休养生息，然而国民党政府却阴谋发动内战，对国民党统治区也加紧了控制。形势到了最危险的时刻，闻一多和全国人民一起为挽救和平做最后的努力。

北大、清华、南开三校师生陆续复员北返，昆明的民主势力有所削弱。面对敌人的疯狂反扑，闻一多毫不畏惧、绝不退缩，义无反顾地投入革命斗争。李公朴遇害后，他拍案而起，发出最后的吼声，为他挚爱的祖国和人民舍生取义。

留在是非之地继续斗争

1946年1月，全国政治协商会议在重庆举行，会议通过政府组织案、国民大会案、和平建国纲领、军事问题案、宪法草案等五项协议，政协协议通过了一系列有利于人民、有利于实行民主政治、有利于和平建国的规定，各方代表普遍认为这些规定为中国开辟了和平、民主的新路，并热望各项协议得以实施，真正实现民主化，激起了渴望和平、民主、团结、统一的亿万中国人民的欢迎和期待。

在政协会议召开期间，1月21日政治协商会议昆明各界协进会成立，该会之成立是"鉴于此次政治协商会议之所以能够召开，实由于国外民主力量的要求和国内各阶层广大人民对于和平民主的迫切愿望及运动所造成"，会议成败及结果优良与否"仍有关于会外广大人民和平民主运动的继续努力和加强"。因而，政协会议开会和闭会后，有必要"作集体建议并监督实行"。闻一多被推选为执行委员。

1946年的春节将至，西南联大结束了战时使命，组成她的北大、清华、南开三校即将复员北返。许多人都憧憬着美好的未来，希望能在昆明过上最后一个和平年，顺利北返，回归故园。

国民党当局却从来不准备履行政协协议，所谓谈判、停战、调处以及政治协商都不过是缓兵之计。他们只不过是为准备内战在争取时间罢了，他们很快就撕毁政治协议，背弃诺言。会议还在进行时，陪都各界在沧白堂举行讲演会，国民党特务就殴打政协代表和与会听众，打伤政协代表，制造"沧白堂事件"。2月10日，在陪都各界庆祝政协大会圆满召开之时，又殴打参会人员，制造了震惊中外的"较场口事件"。

消息传来，闻一多十分气愤，与楚图南、李何林等10余人联名致信慰问，表达愤慨，并"誓作诸先生后盾，共同为民主中国之实现而努力"，为民主而战的激情越来越热烈。

此外，报纸上登载国防最高委员会决议，任命李宗黄为该委员会党政考核委员会秘书长。昆明政治协商会议促进会、文协昆明分会、中苏文协昆明分会、昆明学生联合会、学生报、中国周报、民主周刊社等十团体，决定在西南联大新校舍联合召开"庆祝政治协商会议成功、抗议重庆'二一〇'惨案、坚持严惩'一二·一'惨案祸首大会"，闻一多和同志们、同学们周密地筹备大会。

大会吸引了各界青年、市民近4000人，闻一多担任大会主席。他在会上说："国民党当局只看到个人的少数人的利益，他们没有远见，所以他们就要破坏政治协商会议的成果，具体的表现，是重庆'二一〇'血案。对于屠杀四烈士的凶手李宗黄不但不加以公正的惩处反而升了官……这件事和重庆'二一〇'血案是一样的意义，象征国民党势力垂死的挣扎。"

【小贴士】

沧白堂事件和较场口事件

沧白堂事件：1946年1月10日，政治协商会议在重庆召开。在会议期间，为促进会议成功，重庆各界人民组成协进会，这引起国民党当局恐慌。CC系头子陈立夫密令国民党重庆市党部密切注视协进会活动，同时拨给法币400万元，以每晚2000元的价格雇佣特务打手，对协进会组织的各界民众大会进行捣乱破坏。因前三次大会场地较小，而听众越来越多，从第四次起改在临江门附近的沧白堂举行。自1月16日至18日共集会4次，邀请民盟代表张东荪、梁漱溟和社会贤达代表郭沫若、青年党代表曾琦、国民党代表邵力子、共产党代表王若飞等，报告会议进展情况。国民党特务连续数日到沧白堂会场捣乱，或狂呼乱骂，或大打出手，或跟踪威胁演讲人，并打伤出席演讲的政协代表郭沫若、张东荪等人。国民党特务对各界民众大会的捣乱破坏，史称"沧白堂事件"。

较场口事件：政治协商会议闭幕后，为动员人民群众，推动国民党当局履行政协五项决议。1946年2月2日，政治协商会议陪都各界协进会所属23个团体决定联合发起召开"陪都各界庆祝政协成功大会"。在各团体积极筹备庆祝大会的同时，国民党当局也加紧策划，陈立夫亲自面授机宜，准备实施破坏。2月10日，重庆各界群众万余人在较场口举行大会，庆祝政治协商会议成功召开，参会群众达万余人。大会主席团成员李公朴、章乃器、阎宝航、施复亮、李德全、马寅初等和政协代表沈钧儒、郭沫若、罗隆基等先后达到。国民党派特务捣毁会场，打伤李公朴、施复亮、章乃器、郭沫若及新闻记者等60余人，史称"较场口事件"。

他代表昆明人民说："我们昆明各界，面对着重庆较场口上淋漓的鲜血，感到极度的愤慨，我们要秉着不屈不挠的精神，在'一二·一'的屠场上，向全国人民提出我们对凶手的控告和对执政党的抗议,要在政协功败垂成的时候,要求政府立刻认真执行五项协议和四项诺言。"

他号召到会人员:"击破这反动势力,我们有击破这反动势力的信心,反动势力的期限决不会长久!"大会宣读了由闻一多亲自修改定稿的宣言以及昆明学联对政府任用李宗黄的抗议书。

会后,闻一多与李何林等30多位主席团成员走在15000余人组成的游行队伍前列,高呼"立即释放政治犯""立即改组政府""立即实施四项诺言""反对任用杀人犯李宗黄"等口号,从联大新校舍出发进城,途经武成路、三牌坊、近日楼、南屏街、绥靖路。一路上,游行队伍得到了围观群众的热烈掌声。

回到云大后,闻一多再次登台演讲,他说:"重庆的人在较场口开会,特务都捣乱,我们游行,特务倒不敢来了,特务哪里去了!他们跑了,怕了,不敢动了!""为什么他们不敢动——因为我们团结,有组织!""我们要更团结,更有组织!"台下无数人怒吼着响应:"对!对!对!"

在他的带领下,全场高呼:"庆祝政协成功!""抗议较场口惨案!""反对政府任用凶犯!""昆明青年团结起来!""全国人民团结起来!""新中国万岁!万岁万万岁!"

4月底,西南联大昆明校友会举办招待师长的惜别大会。60多位教授、200多位校友欢聚一堂,叙说八年的离乱生活。

闻一多被请上台,他讲起过去在北平的生活:"那时候,研究学术的条件很好,日子也过得非常舒服。我们在那里读书,教书,做研究工作,说起来总算多多少少做过一些事情,对大家做过的事情也很满意。"

说到三校过去的作风时,他坦诚自己并不满意,希望三校"今后应该继承和发扬这几年来联大的精神:爱民主,爱人民,开创一幅新面貌"!

他认为三校都和美国关系密切,包括他自己都是美式教育培养

闻一多舍生取义

的，虽然"学得一些知识和技术，但是经过这八年的检验，可以说，过去受的美国教育实在太坏了。它教我们只顾自己，脱离人民，不顾国家民族，这就是所谓的个人主义吧，几乎害了我一辈子！有些人毕了业，留了洋，干脆不回来了；有的人爬上去了，做了教授，或者当了校长，或者当了大官，有了地位，就显得不同，想的和说的也和别人不一样啦！其实，这些有什么值得夸耀的呢"？他希望，联大的同学走进社会后，要敢于去改变这种现状。

闻一多的这些话对于年轻人而言，的确振聋发聩，无异于一次沉重的鞭挞，赢得了台下年轻人的如雷掌声。

在青年人眼中，闻一多是指引他们前行的"灯塔"，国民党当局却不那么认为，他们想方设法不让闻一多讲话。在联大行将复员之际，国民党当局就作出指示："至于那个闻疯子，要想办法安顿一下，可以找个机会把他送出去，他爱叫，让他在美国去叫吧。也许，牛奶面包吃饱了，又有了美金，就不叫了"，"不管怎样，这个人不能让他去北平"。

恰好美国加州大学寄来一封信，想请他去讲中国文学，还可以携带家眷，正好文学院的同事冯友兰也收到宾夕法尼亚大学的邀请，要去担任客座教授一年，便约他一道早点动身。梅贻琦和另外几位同事也劝他出去看看。

闻一多刚开始也有所犹豫，他想着，如果去美国，可以借机做些宣传，向美国人民揭露国民党当局专制独裁罪行，告诉他们中国不仅有要打内战的蒋介石之辈，还有更广大的反对内战、爱好和平的人民。但他又想到，国内正是蒋介石要发动大规模内战的前夕。形势非常危急，火已经烧到了眉毛，多一个人就多份救火的力量，值此关键时刻，"北方的青年也许还需要我"。他觉得还是要留身于这是非之地，继续斗争下去，尽自己最大的努力制止内战，因而还是毅然谢绝了美国加州大学的邀请。

实际上，闻一多在这年2月写给哥哥闻家骢的家信中，便已明确表

134

示:"古人云'匈奴未灭,何以家为',近为之祸于国家民族者有甚于匈奴。在此辈未肃清以前,谈不到个人,亦谈不到家。"①

1946年4月30日,西南联大常委会决定学校于5月4日结束。事实上,学校早就开始迁移各项准备工作。三校各院系也忙着分人、分图书、分仪器,许多人已经开始谋划着北返路上的事。国民党当局看到联大忙着"搬家"的情景,心中暗自窃喜:学生们走了,还会有学生运动吗?

5月4日,西南联大在图书馆举行结业典礼,这天也是五四运动27周年纪念日。闻一多没有参加西南联大的结业式,而是应邀参加昆明学联在云大至公堂举办的"五四"纪念会及青年运动检讨会。

在会上,闻一多与同学们共同讨论青年运动的任务、民主革命的意义、知识分子的阶级属性、政治斗争的组织问题等。他说:"青年

1946年5月4日,西南联大在图书馆举行结业典礼,梅贻琦宣布联大胜利结束

---

① 闻铭、王克私编:《闻一多书信选集》,人民文学出版社1986年版,第325页。

运动必须转变为有组织的政治斗争,那运动才不算白费,而青年运动之转化为有组织的政治斗争,也正是青年运动必然的发展","自从政协会议开会了,'一二·一'青年运动实际已开始渐渐过渡到有组织的政治斗争的阶段"。

乌云压城

1946年1月10日,国共双方同时下达停战令,规定13日午夜各自停止一切军事行动。同日,政治协商会议在重庆开幕,蒋介石在开幕式上宣布保证人民自由、承认政党合法、实行普选、释放政治犯等四项诺言。经过20天的协商,会议达成了若干协议,31日闭幕。

一时间,全国人民以为和平大有希望,前途光明,相信蒋介石会实践他的诺言,很快召开国民大会,实行宪政。然而这一切不过是美好的空想。在这期间,美国表面上居中调停,实际上暗中帮助和支持国民党,把54万军队运送到了华北、华东、东北等地。蒋介石以为发动大规模内战的一切准备工作都已就绪,条件已经成熟,于是彻底抛开了和平旗帜,以数十万军队向中原解放区大举进攻,点燃了全面内战的战火。与此同时,国民党当局在国民党统治区不断加紧对和平进步势力进行镇压,制造了一系列暗杀活动。

昆明的国民党当局统治者霍揆彰也不断有动作,既加强对进步人士的监视,又经常对进步人士实行突击查抄。

一天,吴晗忽然请人捎话给闻一多,据内部消息,敌人要进行突击大搜查,赶快把家里的"东西"紧急处理一下。于是闻一多赶快掀开褥子,把放在下面的"禁书"全拿出来,藏到家附近一处隐秘的地方。虽然有惊无险,特务并没有来,但家人也都感到了黑暗气息的来临。[①]

实际上,国民党当局上上下下早已密切注视着闻一多等进步人士

[①] 闻立雕:《红烛:我的父亲闻一多》,新华出版社2009年版,第267页。

的动态。1944年10月，国民党组织部部长陈果夫在给军委会办公厅的信中点名说，闻一多等人的演讲"均系反对本党及攻击现政府之荒谬论调"；1945年7月24日，三青团中央干事会在给教育部的信中说，罗隆基、闻一多等借办民众夜校"潜伏于社会下层"，"以作来日扰乱社会之工具"；1945年9月，云南省社会处向社会部报告说，闻一多、吴晗、周新民等教授在庆祝胜利大会上演讲，"抨击本党诋毁领袖"；1946年3月23日，蒋介石对西南联大三青团员没有对张奚若、闻一多等"不法教师污辱党国""加以还击"十分不满，曾对他们严加训斥，"言辞之急躁、冲动，以至失态"；1946年3月中央调查统计局密切注视闻一多、楚图南等人的行踪。

除密切监视外，国民党当局也大造反动舆论。1946年的4月至5月间，昆明市中心的近日楼以及大东门特别是联大、云大附近的青云街、文林街一带常出现反动组织贴出的墙报和标语，如"李公朴奉中共之命，携带巨款来昆密谋暴动""李公朴，云南不要你，中国也不要你！""云南民盟支部组织暗杀公司董事长闻一多夫""中国民主自由大同盟主席王慧生不怕暗杀！"等，对进步人士进行极端的造谣污蔑甚至谩骂。并且诬蔑进步人士是"拿卢布的俄国特务"，把闻一多的名字改为"闻一多夫"，吴晗的改为"吴晗诺夫"，罗隆基的改为"罗隆斯基"。同时还赤裸裸地扬言"悬赏40万元购买闻一多的头颅"。一些反动壁报泼起了脏水，污蔑闻一多拿着青年的血出风头，说他是因为对家庭生活不满才这么偏激愤慨……

身边的朋友们、学生们为闻一多打抱不平，同时也为他的安全担心起来。他却反过来安慰说："这是斗争！在斗争中受到敌人的仇恨，这是理所当然的事情，难道说，还能希望国民党当局来夸奖我们吗？敌人越是咒骂，表明我们干的事，实在叫他头痛了，这样他骂得越凶，我干得也就越有劲了。至于那些恐吓，就让他们恐吓吧，除非躲起来不干民主，要干民主就得准备挨打挨骂，连封建时代的文人，都懂得'民不畏死，奈何以死惧之！'我们要是真的相信那些吓人的

话，把已经负起的责任丢了，就恰好上了他们的当。"

至于悬赏40万暗杀他的说法，闻一多爽朗地一笑而过，他风趣地说："我这条穷命，居然能值上40万元的高价，倒也出乎自己的意外，用蒋介石这个交易所经纪人的行话来说，既然有人开了价钱，在特务们没有'成交'之前，正该为人民多办点事情，也许随着通货膨胀，说不定价钱还会'看涨'呢！"

事后看，特务们这些恶毒的谣言或污蔑之词既是为大开杀戒制造舆论，也是国民党当局举起屠刀的一种信号。他们搞的是黑社会那一套，手段实在太低级、太卑鄙拙劣，谣言造得实在太离谱；结果无形之中对革命群众、进步人士产生了麻痹作用，谁也没有充分重视、认真对待、提高警惕，而是嗤之以鼻、不当回事。

《光明周刊》《正论》《民主与时代》等几种小刊物还对闻一多进行人身攻击，一篇文章竟然劝闻一多学屈原跳昆明湖。正因为闻一多的炽热，他已然成为国民党当局眼中的"眼中钉、肉中刺"，民主

闻一多和夫人高孝贞在准备离昆前夕于西仓坡宿舍外合影

周刊社附近整天有人在"巡逻",他已成为被"保护"的对象。

按照北返计划,第一批复员学生出发了,闻一多前来送行。同学们围着敬爱的老师,不舍地握着他的手,流下了激动的眼泪。学生们担心地说:"闻先生,你要保重自己的身体呵!""闻先生,你千万要随时小心呵!""闻先生,你早点到北平来呵!"

闻夫人因患甲状腺炎而引起严重的心脏病,为免舟车劳顿,闻一多决定凑钱买机票返回北平。一家8口需8张机票,这笔钱不是小数目,况且回程路上还要花去各类费用;为此,他只得加班加点,见缝插针地刻图章,一点点攒钱。闻立雕回忆:"那个时期,西仓坡宿舍院子里,夜深人静,人们都已沉入梦乡,唯独东面那排房子,有一扇窗户还透出微弱的灯光,隐约晃动着一个弯背人影,屋子里不时传出来'咯咯咯'的声音。那就是发自父亲刻刀下的'夜半刀声'。"[1]

闻一多何尝不想早点回到北平,北方的青年还需要他。但他一时还不能离开昆明。

这段时间,同事和朋友们相继复员,他所承担的担子越来越重,民盟云南省支部机关报《民主报》还要筹办,省支部的工作、昆明的民主运动不能停顿。在局势日趋恶化、反动当局随时施加迫害的情况下,他觉得自己留下来保护学生,等学生都走完了,自己再走。

联大学生黄海与闻一多一家关系很亲密,他离昆前特地来向老师告别,并请老师题字留念。闻一多挥笔写下"君子不可以不宏毅,任重而道远"两句话,署名"一多"二字,并端端正正盖上了一枚印。黄海一看竟是"叛徒"二字,他大惑不解,闻一多解释道:"为什么叫'叛徒'呢?因为我要做一个旧世界的叛徒!"他曾经非常认真地读过马克思、恩格斯的《共产党宣言》,《宣言》中说:"共产主义革命就是同传统的所有制关系实行最彻底的决裂。"[2]

又一批同学前来道别,他们劝闻一多也赶紧回北平,对他说:

---

[1] 闻立雕:《红烛:我的父亲闻一多》,新华出版社2009年版,第276页。
[2] 闻立雕:《红烛:我的父亲闻一多》,新华出版社2009年版,第191页。

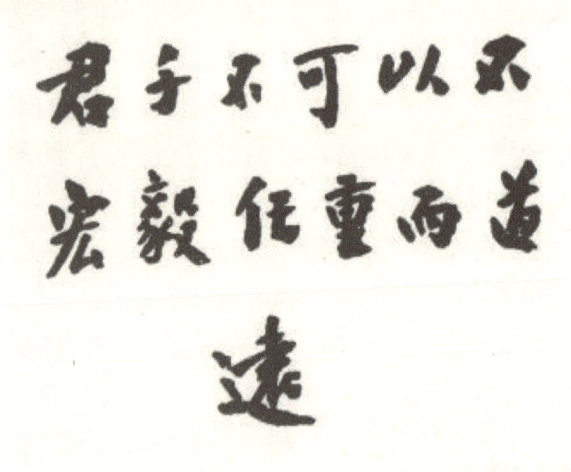

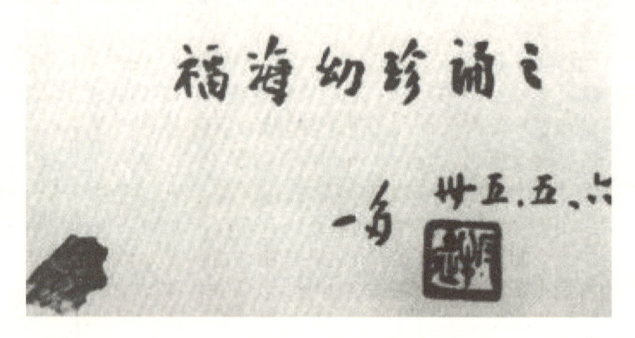

闻一多为黄海所题临别赠言，署名下盖"叛徒"印章

"联大同学快走完了，但昆明的学生运动、民主运动不会停止。"劝他不必久留于此，恳切地对他说"内战已经打起来了，蒋介石这个坏蛋对他的后方，一定会实行法西斯恐怖统治，您千万要小心呵！老师！传言很多，不能毫不介意。今后全国斗争的重点转移到京沪平津那些地方，那儿更需要您！昆明不是久留之地，能动身就尽量早点动身，不要拖得太晚"。

辛酉级友、联大社会学系同事吴泽霖离昆前来告别，直言联大师生复员，昆明民主堡垒空虚了，望他小心。闻一多说："怕什么？正义是压不倒的！光明是盖不住的！"

5月7日，吴晗来与闻一多辞别，在一起并肩战斗的战友要走了，闻一多恋恋不舍地出来送行。吴晗问："多公！北平有什么事要我办的吗？"闻一多还是那句话："你看看我那屋前的竹子，还在不在。"

"黑名单"

随着昆明民主运动的日益高涨，关麟征、李宗黄被迫离开昆明。虽然走了一个刽子手，但又来了一个新的狠角色。"一二·一"运动后，云南警备司令关麟征因昆明"学潮"停职，由霍揆彰接任。霍揆彰带着下属、警备司令部稽查处处长王子民到南京向蒋介石、陈诚汇报，呈送黑名单待蒋介石圈定后布置暗杀。

因蒋介石忙于策划全面内战，没有接见霍揆彰等人。霍揆彰将黑名单留在国防部返回昆明后，就听到"李公朴在云南大学向学生发表'蒋介石不抗日，专打共产党'的演说"，"学潮这样凶，完全是李公朴、闻一多、潘光旦几个教授鼓动起来"的情报报告。霍揆彰恼羞成怒，很快开始了铲除"乱党"的镇压行动。

霍揆彰是国民党军政部部长陈诚的亲信嫡系，在他担任云南警备司令前，历任第十八军第十四师师长、第五十四军军长、第二十集团军副总司令兼洞庭湖警备司令、第二十集团军总司令、远征军编练总监部副监、第三方面军副司令官、青年远征军第六军军长等职。

霍揆彰上任后，从陈诚口中听闻蒋介石对同情中共的民主人士一向恨之入骨，于是为讨好蒋介石并为谋求云南省政府主席一职，积极执行蒋介石镇压民主的方针。为此，霍揆彰调陆军预备二师到昆明，成立城防司令部；从联勤总部调来大批特务，加强特务机关云南警备司令部稽查处，并责令王子民随时收集李公朴、闻一多言论，并暗中监视其行动。王子民接受任务后，立即召集下属和城防司令部谍报组人员开会商量，并决定自6月25日起，对李公朴、闻一多等暗杀对象进

行监视盯梢。

西南联大的学生已经走了一大拨，清华续聘的聘书也已经发下来了，闻一多的行期仍然还未确定。许多好心人都力劝闻一多早些北上。

国民党当局在国统区加紧恐怖统治，迫害民主人士，日甚一日。除了原有的大批特务，还把宪兵十三团调到昆明。宪兵十三团于1940年初由中央宪兵司令部宪兵教导团改编而成，同年从湖南调入云南，分驻畹町、保山、下关、开远等地，1945年11月团部调驻昆明，其直辖的特高第十组主要负责收集情报，调查共产党及民主党派的动态，防范、镇压学潮，逮捕共产党员、民主人士等。①

一时警宪特务横行街市，随意搜查、绑架、逮捕，恐怖笼罩着昆明。曾经结邻而居的华罗庚从苏联回来，先后作了几场报告。闻一多听了华罗庚在云大至公堂的报告《苏联的大学教育》后，夸奖华罗庚"对苏联情况介绍得很详细、很好，这对当前民主运动的发展也很有好处"。

报告会后，华罗庚劝他说："情况这么紧张，大家全走了，你要多加小心才是。"闻一多从容地说："要斗争就会有人倒下去。一个人倒下去，千万人就会站起来！形势愈紧张，我愈应该把责任担当起来。'民不畏死，奈何以死惧之'，难道我们还不如古时候的文人？"

闻夫人高孝贞也忧心忡忡，好几次催闻一多早点走，可他总是说："事情没有完，怎么好走？得把工作安排好，现在还没有人来接手。"闻夫人焦急地说："人都走了，特务要下毒手，怎么办？"他笑了一下："他要杀你，到了别处也一样杀。"

1946年6月隶属滇军的国民党第184师在东北内战前线海城起义。184师起义没几天，滇军留在昆明的唯一部队第二十四师奉命出滇，

---

① 云南省地方志编纂委员会总纂、云南省公安厅编撰：《云南省志·公安志》，云南人民出版社1996年版，第99—100页。

二十四师师长、龙云之子龙绳武担心滇军再被蒋介石吃掉，宣布自行解散。消息传来，云南人民拍手称快，国民党当局惊恐万分。

恰在此时，184师师长潘朔端等公开宣称是民主同盟军第一军，愿作民盟后盾。此外，主办《时代评论》的王康[①]与滇军宿将禄国藩之女禄侯坤举行订婚仪式，闻一多、潘光旦、费孝通、张奚若等到场祝贺；国民党抓住此事大肆造谣，外界风传民盟破坏大局、勾结地方势力企图暴动。

为正视听，民盟云南支部在昆明商务酒店和冠生园连续三天共召开三次招待会，说明民盟的基本立场。6月26日，第一次招待会由闻一多、潘光旦、李公朴、楚图南出面，云南地方党政军警负责人50余人参加。在潘光旦报告开会意义、楚图南报告民盟一贯主张及对当前政局的态度、李公朴报告民盟历史及政党应有的作风之后，闻一多站起身来，述说自己参与政治的原因。他分析说自己由从事学术教育转向参与政治，是因为认识到政治是一种事业，是教学，是一种生活的态度或人生的境界。政治原是人类群体生活集中的表现，并以群体爱作为基础。只有以群体为对象之爱，才是政治，尤其是民主政治的基本精神。

他越说越激昂，表示："今天乘此机会，愿意伸出我们的手来与各位合作，我们的手，虽无缚鸡之力，不可能也不愿意来威胁利诱别人，但也决不接受别人的威胁利诱。我们并愿意以这满是粉笔灰、毫无血腥气的手去扭转中国的历史，去促进中国民主政治的实现。"此番肺腑之言感动了在场的每一个人。

6月28日下午，第二次招待会仍在商务酒店举行。民盟参加者除第一次招待会上的4人外，还增加了潘大逵、冯素陶、费孝通，主要招待文化、教育、金融、实业界贤达。主持者再次重申了26日招待会的发言内容，闻一多的发言再次引起了与会者的强烈共鸣。

[①] 王康曾用名史靖，1919年10月生于湖北省黄冈县回龙山乡。1940—1944年就读于西南联大社会学系，1944—1946年在云南大学社会学研究室、社会学系任助教，担任《自由论坛》《时代评论》编辑、发行人。曾任中国政法大学、华中理工大学、武汉大学等校教授。

一位商界贤达不无感触地说："方才闻先生曾经说过他们愿意伸出他们沾着粉笔灰的手跟社会各界人士紧紧地握起来。我是个商人，我愿意第一个伸出我这污秽的手同他们握，但我并不是要加入同盟，而是我希望我们士农工商各界都伸出自己的手来紧紧地同他们握着。"

省参议员孙天霖沉痛地说："我们云南人，我不敢说话，参议会里议员们常常因为说话而受警告……我赞成闻先生所说的以教育手段、以和平的态度来从事政治。我也希望大家伸出手来跟民盟合作，以建立民主康乐的中国。"一位参加邮务工会的青年也表示"愿意伸出他这双工人的手跟他们紧握起来"。民盟的主张和坦诚赢得了他们的支持和同情。

与民盟的光明正大相比，国民党当局却表现得十分龌龊。他们伺机抢夺来宾签名簿，意在威胁参会者。商务酒店老板竟接到匿名信，遭到暗杀威胁，只好婉拒民盟继续在这里开会。于是，原定29日上午的第三次招待会，推迟到下午举行，会场改为冠生园。

第三次招待会主要招待新闻界及各期刊负责人，来宾三四十人。楚图南、李公朴、闻一多等人介绍了民盟的历史、政治主张，回答了来宾提出的很多人们非常关切和担忧的问题。在回答如何制止内战时，闻一多再次强调人民的意志。他说："只要我要他不打内战，就打不起来内战，这个'我'，代表每个不是丧心病狂或别有所图的、真正善良的中国人民。每个人坚持这意志，一定会实现胜利的。即使还打，也不能长久……我不承认武力为真正的力量，人民的意志才是真正的力量。"

民盟的三次招待会揭露了国民党妄图栽赃陷害的阴谋，向社会各界介绍了民盟的历史，说明了民盟的立场、态度和主张。

与此同时，云南民盟发动了一次万人签名的呼吁和平运动。1946年6月7日，国共同时发布东北停战令，但蒋介石却公然宣称国民党军队停战进攻"绝不影响其根据中苏条约恢复东北主权之权利"。蒋介石一面宣布停战，一面丝毫不放松准备内战，随即便向中原解放区发动进攻。一场反对内战、呼吁和平的运动再次席卷全国，云南民盟发动的签名活动正是配合全国形势而开展的，这再次刺激了国民党当局紧绷的神经，李公朴、闻一多等民主人士的处境也越发危险。

此时，国民党政府给霍揆彰发来密电："中共蓄谋叛乱，民盟甘心从乱，际此紧急时期，对于该等奸党分子于必要时得便宜处置。"

通过一系列活动，民盟澄清了事实，也与社会各界取得了联系，更驳斥了毫无根据的谣言。但国民党当局绝不会善罢甘休，他们开始了疯狂的反扑。那位在招待会上表示愿意伸手相握的商界贤达，在第三天就被一群流氓无故围殴。出席第一次招待会的云贵监察使的住宅也被搜查。

《观察》周刊1946年8月22日刊发的昆明通讯《李闻之死》追述道：每年暑假，总有一些"黑名单"传说。有时说联大要解聘曾昭抡、潘光旦、王赣愚等教授，有时说云大要解聘某某等教师。在今年的暑期中，"黑名单"的传说较以往也更为严重，说"黑名单"共有四十几人，包括批评政府最有力的闻一多、张奚若等教授，从事政治活动甚力的李公朴、冯素陶、楚图南，去年昆明学潮发生前夕参加演讲的四教授。他们不只将被停聘，还很可能会被暗杀。

李公朴之死

闻一多的行期一拖再拖。闻一多的二子立雕、三子立鹏已于6月20日随许维遹乘清华复员班机飞重庆，他们相约在7月10日以前到重庆，全家一起转北平。

可是直到7月11日，飞机票还没有轮到闻一多。这一天，西南联大最后一批复员的学生离开昆明。上午一个学生专程到闻一多寓所辞行。闻一多身体不太好，尚未起床，抬起头靠墙，对那个学生说"你看那一堆信"，又说"路上要当心"，闻一多所说的信都是特务写来

的匿名恐吓信。

惜别之际，也是风声鹤唳之时。雨季的昆明淫雨霏霏，处处显得冷清凄凉。国民党当局如鬼魅一般出现在街头巷尾，杀人、抓人，无所不干。夜晚的昆明尤其显得阴森恐怖。当晚，著名社会教育家、民主战士、民盟中央执委李公朴就被特务暗杀。

1946年7月11日，晚上7时半，李公朴和夫人张曼筠因为代友人联系借用电影院开音乐会募捐之事，去了趟南屏电影院，办完事后顺便看了一场电影。9时45分电影散场，两人走到南屏街乘公共汽车回北门街寓所，特务同车尾随。到了青云街站下车，两人刚走到青云街通往大兴街的小巷中，就听到后面轻轻"啪"的一声，稽查处六组组长赵凤祥率汤世良、吴传云及行动组刘锡麟、赵树林对李公朴下了手。

李夫人以为是汽车轮胎爆裂，随后见李公朴突然倒地。还以为是路滑难走，赶紧扶着李公朴说："怎么又跌了呢？"李公朴挣扎着答道："我中枪了！"李夫人这才看到李公朴腰上尽是血。

情急之下，她高声大呼："捉人哪，枪打人了！"细雨蒙蒙中行人疏落，未见人来。李公朴在泥泞中呻吟，李夫人急得泪涌如注。恰好几个云南大学同学经过，他们迅速找来帆布床，立刻将李公朴送往北门外的云南大学医院（以下简称"云大医院"）。

此时已近11时，经医生检查，子弹从后腰射入，经腹腔从右腹穿出，伤势异常严重。打了麻醉针后，疼痛未止，李公朴大口大口地吐着鲜血。医生决定马上做手术，但肠腔已被穿了好几个大洞，其中两个特别大，口径超过一寸。

李公朴因失血过多陷于昏迷，医生们想尽各种办法抢救，输血、注射盘尼西林、打强心针，他时而清醒、时而昏迷不醒。弥留之际，他口中大骂国民党当局"卑鄙无耻"，并高呼"我为民主而死"。次日早上5时20分，李公朴终因不治，气绝逝世。周恩来在上海听到李公朴被害的消息后，掉下了热泪，评价他是"一个为民主革命献身的战士"！

李公朴在云大医院救治之时，夜里1点钟，两个青年匆匆敲开了闻一多在西仓坡宿舍的大门，报告了李公朴遇刺后在云大医院抢救的消息。病榻上的闻一多不顾高烧，一骨碌从床上爬起，拿了手杖就要去医院。"太晚了，街上没什么人，你又病着，出去也许有什么意外，等天亮再去！"闻夫人和报信的青年苦苦劝下了激愤的闻一多。

这一夜是如此的漫长。总算熬到清晨5时，闻一多赶到云大医院。但是他来晚了，李公朴已闭上了双眼，留下了最后一句话："天快亮了吧。"李夫人张曼筠抚尸痛哭。闻一多的泪水忍不住淌下来，一面

【小贴士】

李 公 朴

李公朴，1902年生于镇江。少年时家境贫寒，但勤奋苦读，胸怀爱国志向，发出"国家兴亡，匹夫有责，国亡不存，何以家为"的感慨。1924年考入上海沪江大学半工半读，后投笔从戎参加北伐从事政治工作。1928年留学美国，1930年学成回国后致力于民众教育事业，在上海创办《读书生活》杂志。九一八事变后，积极从事抗日救亡活动和社会教育事业。1936年参与发起组织全国各界救国联合会，任执行委员。同年11月，与沈钧儒、邹韬奋、史良、沙千里等7人一起在上海被国民党逮捕，这就是轰动一时的"七君子事件"。后来在社会各界的声援和营救下，李公朴获释出狱。1938年、1939年两次访问延安。皖南事变后李公朴来到昆明，创办北门书屋、出版进步书刊，与云南地方人士以及西南联大、云南大学等进步师生建立了联系，成为昆明民主运动中的一位活跃人物。1944年加入民盟，任民盟云南省支部执行委员，并担任《民主周刊》的编委工作。1945年被选为民盟中央执行委员。1946年与陶行知共同创办社会大学，任副校长。抗战胜利后，李公朴到重庆后又投入民主运动，在"较场口事件"中被打伤。李公朴带着伤痕回到昆明，于1946年7月11日被国民党特务暗杀。

闻一多舍生取义

流泪一面说："这仇是要报的！"一字一顿地说："公朴没有死！公朴没有死！"

闻一多哽咽着吩咐女同学安慰李夫人，自己和楚图南等匆匆赶往民主周刊社，召开紧急会议，决定对外发电公布事件、拟定抗议书送达警备司令部、筹组治丧委员会三件事。

闻一多、楚图南、冯素陶等讨论并起草了《中国民主同盟云南省支部发言人为李公朴同志被暴徒暗杀事件之严重抗议》。该抗议书说："本民盟支部认为公朴同志之死，不仅是我们中国民主同盟的巨大损失，亦是全中国人民的损失……此次公朴同志之死，实是昆明四烈士、西安王任、李敷仁之死，南通孙天平等之死，同一性质。于此可见，以特务恐怖政策摧残人权，破坏民主和平运动，并不惜以最阴险狠毒之手段杀害民主人士，乃是政府一贯的政策"，并提出了惩凶，抚恤死者家属，取消特务组织，维护人权等抗议。

在讨论抗议措辞中，闻一多坚决主张点明李公朴被国民党当局所害的事实，强烈抗议和谴责这种法西斯暴行，并要求严惩凶手。这一天，闻一多格外忙碌，开会、拍电报、派人去印刷厂、将抗议书送至警备司令部、组织李公朴治丧委员会等。

国民党当局再次玩起卑鄙的把戏，在昆明街头以所谓"云南反共大同盟"名义张贴"李公朴是共产党杀死的！""李公朴被暗杀是艾

【小贴士】

李敷仁、王任被诬杀

西安《秦风工商日报》由民盟中央常委杜斌丞担任发行人，该报宣扬民主，被西安反动分子所仇恨。1946年3月1日，大批特务捣毁该报营业部，民盟盟员、该报法律顾问王任严正指斥，于4月9日被诬为"烟犯"而抓捕，23日即遭非法枪决。民盟盟员、西安教育家李敷仁，于5月1日被特务绑架至咸阳乡间枪杀而未死，被当地百姓救治后转往延安。

思奇指使的！""这是桃色事件！"等。

李公朴的牺牲，让闻一多痛心、悲愤。但接着又传来消息，说国民党特务的黑名单上暗杀的二号人物就是闻一多，这种消息越传越真，恐怖笼罩着西仓坡。朋友们劝他少外出，闻一多理解大家的心情，却说："李先生为民主可以殉身，我们不出来何以慰死者。"

李公朴被暗杀后，民主力量遭到很大的打击，特务们跟踪盯梢，人人自危。民主周刊社也无人敢去工作，社里的青年眼看着工作难以为继，不知如何是好。闻一多却十分镇定地说："我去，不要紧，我去坐着！"

他坚持出版《民主周刊》，印刷厂不让印了，他冒着生命危险亲自和同人一起到处借铅字，最终还是印出一期。《学生报》也克服重重困难，编印《李公朴先生死难专号》，闻一多挥笔在报头上题写了："国民党当局！你看见一个倒下去，可也看得见千百个继起的人！"用正义的言辞，声讨国民党当局的罪行。

李公朴被暗杀后，闻一多从早到晚在外面奔走，他将满腔的悲愤化作控诉国民党的不懈动力。与此同时，特务们也毫不放松对他的监视跟踪。

形势日益严峻，不断有朋友前来提醒，让他小心，大家不免为他的安危担心。但闻一多却很镇定、沉着。潘大逵找到闻一多，专门告知特务有黑名单一事，上面有闻一多的名字，反复叮嘱他少开会，特别小心，不可大意。中共党组织也派人通知他注意隐蔽，但他表示要坚持战斗，不会转移。中共云南省工委书记郑伯克听了汇报后，只好嘱咐隐蔽在闻一多身边的党员多关注他的安全，防止发生意外。

按照特务的原定计划，他们要将李公朴绑架到郊外秘密活埋；虽然枪杀达到了目的，但稽查处行动组崔镇三认为被人抢了头功，心里极不痛快。崔镇三召集组员训话，密谋要在三天内杀死闻一多。他们开始在西仓坡联大教师宿舍、民主周刊社周围埋伏，跟踪、监视闻一多的行踪。

闻一多舍生取义

当时,学校忙于复员,西南联大西仓坡教职员宿舍一片杂乱,大家都忙着收拾东西,带不走的就摆地摊出售。各式各样的人进进出出,其中不乏趁机混进来的特务,他们随时在窥伺,时刻等待下手的时机。时常有人问院里的小孩:"闻一多啥个样子?""闻一多穿哪样衣裳?穿西装还是穿中装?""闻一多可有胡子?"整个西仓坡风声鹤唳。

一个披头散发、自称张柴静一的疯女人三番五次跑来闻家,一手拿本圣经,一手点点画画,嘴里念叨着:"闻一多,还不快忏悔,你的'多'字是两个'夕'字,你命在旦夕了。"14日,她递给闻一多的长子闻立鹤一封信,信中写着:"知道你们明天在府甬道十四号民主周刊社招待记者,如果不听我的话,我就在那时候结束你的命!"

广大群众和各界人士都非常关心闻一多,甚至素昧平生的人都来劝闻一多提高警惕、万万不可大意,劝他尽量少出门、少活动、少说话,严防不测。一天深夜,一位从来没有接触过的人神色紧张而严峻地前来通报秘密内情,告诉闻一多,霍揆彰已召集有关机关开会议定开始捕杀;黑名单已经确定,首批暗杀4人、逮捕数十人,都是民盟和民主刊物的负责人。他提醒闻一多务必当心,千万少出门,说完不敢多留就匆匆走了。

这一连串的骚扰和恐吓弄得闻一多的家人无比紧张、担忧,闻夫人高孝贞的心脏病更加严重了。她忍不住恳求闻一多说:"你不要再往外面跑了,万一出了什么事,这么一大家人,我的身体又是这个样子,可怎么好啊!"夫人的紧张和恐惧让闻一多心痛,他细心地从各个角度向夫人解释,有时是宽她的心,有时是义正词严的道理。他安慰夫人说:"现在好比是一只船,在大海里遇到了狂风恶浪,越在这种时候越要把住舵,才能转危为安。所以现在必须坚持下去。"[①]

[①] 闻立雕:《红烛:我的父亲闻一多》,新华出版社2009年版,第283页。

最后一次讲演

7月15日，"李公朴先生死难经过报告会"定在云南大学至公堂召开。一大早，有朋友来信告知闻一多黑名单的事绝对可信，请他千万小心，最好不要去至公堂开会。有位来看他的同学也极力劝他别去，闻一多沉思了一下，断然说道："这怎么行？李先生尸骨未寒，我们这些做朋友的都不出席，怎么对得起死者？又怎么对得起生者？李先生明天就要火葬了，这是最后一个重要的群众大会，我可以不发言，但一定得去！"

他清楚现在的处境很危险，但舍生取义的决心更加坚决，他随手抓起桌上的一封匿名恐吓信，不以为然地说："事已至此，我不出去，什么事都不能进行，怎么对得起死者？假如因为国民党当局的一枪，就都畏缩不前，放下民主工作，以后谁还愿意参加民主运动、谁还信赖为民主工作的人？"朋友和同事们知道劝不住他，想到他肯定会去会场，只好专门安排人负责接送。

闻一多穿好洗得灰白的长衫，扫了一眼那一堆恐吓信，随手将它们撕得粉碎，头也不回地大步跨出家门。刚走出院门，就见对面墙脚下站着一个穿西装、戴礼帽的大汉，在西仓坡东口也站着一个瘦猴脸、穿美式夹克的家伙。

闻一多鄙夷地扫了这两个不怀好意的家伙一眼，拐杖使劲地在地上戳了一下，对陪同的杨希孟说了声"走！"便昂首走向会场。走在狭窄的西仓坡小巷里，两个特务一前一后，为防止意外，闻一多轻声对杨希孟说道："你离我远点，不要和我并排。"不愿一个青年和他同遭毒手。一路上人来人往，特务不便动手，一直跟进了至公堂，闻一多坐在台下前面的一条凳子上，特务也混在人群中。

上午10时，民盟云南省支部和昆明学联在云大至公堂举行的"李

公朴先生死难经过报告会"如期召开，各界人士和师生代表1000余人到会。李公朴夫人张曼筠带着悲痛的心情，缓缓走上讲台。她声泪俱下地报告李公朴被杀害的经过，因为过于悲恸，言语不时中断。"他在死前，就知道随时可以死。他出街时和我说：'我今天跨出了这道门，不知道能否跨进来。'"李夫人说："他虽死，但他的精神没有死，他虽没有了生命，但刽子手却没有了人性！"

李夫人在台上一边哭一边讲，台下的人们听了也流下悲愤的眼泪，李夫人悲痛万分、几乎讲不下去。混进会场的特务趁机起哄、怪叫。国民党当局的猖狂彻底激怒了闻一多，他再也按捺不住，走上前去扶着李夫人坐下；随即拍案而起，即席做了他一生中的最后一次演说：

这几天，大家晓得，在昆明出现了历史上最卑劣最无耻的事情！李先生究竟犯了什么罪，竟遭此毒手？他只不过用笔写写文章、用嘴说说话，而他所写的、所说的，都无非是一个没有失掉良心的中国人的话！大家都有一支笔，有一张嘴，有什么理由拿出来讲啊！有事实拿出来说啊！为什么要打要杀，而且又不敢光明正大地来打来杀，而偷偷摸摸地来暗杀！这成什么话？

全场报以热烈的掌声，人们的情绪从悲痛转为愤怒，只有特务们还在嬉皮笑脸地起哄。闻一多厉声道：

今天，这里有没有特务？你站出来，是好汉的站出来！你出来讲！凭什么要杀死李先生？

杀死了人，又不敢承认，还要诬蔑人，说什么"桃色事件"，说什么"共产党杀共产党"，无耻啊！无耻啊！

这是国民党的无耻，恰是李先生的光荣！李先生在昆明被暗杀，是李先生留给昆明的光荣！也是昆明人的光荣！

去年"一二·一"昆明青年学生为了反对内战，遭受屠杀，那算是年轻的一代，献出了他们的血，献出了他们最宝贵的生命！现在李先生为了争取民主和平，而遭受了国民党当局的暗杀，我们骄傲一点说，这算是像我这样大年纪的一代，我们的老战友，献出了最宝贵的生命！这两桩事发生在昆明，这算是昆明无限的光荣！

全场再次爆发出正义的掌声，特务们也被闻一多的怒吼震慑了，会场气氛激昂起来。闻一多稍顿了一下，继续道：

国民党当局暗杀李先生的消息传出以后，大家听了都摇头，我心里想，这些无耻的东西，不知他们是怎么想法？他们的心理是什么状态？他们的心是怎样长的？其实很简单，他们这样疯狂地来制造恐怖，正是他们自己在慌啊！在害怕啊！所以他们制造恐怖，其实是他们自己在恐怖啊！

特务们，你们想想，你们还有几天，你们完了，快完了！你们以为打伤几个，杀死几个，就可以了事，就可以把人民吓倒了吗？其实广大的人民是打不尽的，杀不完的，要是这样可以的话，世界上早没有人了。

你们杀死一个李公朴，会有千百万个李公朴站起来！你们将失去千百万的人民！你们看着我们人少，没有力量。告诉你们，我们的力量大得很！多得很！看今天来的这些人，都是我们的人，都是我们的力量！此外还有广大的市民！

我们有这个信心：人民的力量是要胜利的，真理是永远存在的。历史上没有一个反人民的势力不被人民毁灭的！希特勒、墨索里尼不都在人民面前倒下去了吗？翻开历史看看，你们还站得住几天！你完了，快完了！我们的光明就要出现了。我们看，光明就在我们眼前，而现在正是黎明之前那个最黑暗的时候。我

们有力量打破这个黑暗，争到光明！我们的光明，就是国民党当局的末日！

国民党当局故意挑拨美苏的矛盾，想利用这矛盾来打内战。任你们怎么样挑拨，怎么样离间，美苏不一定打呀！现在四国外长会议已经圆满闭幕了。这不是说美苏间已没有矛盾，但是可以让步，可以妥协，事情是曲折的，不是直线的。我们的新闻被封锁着，不知道美苏的开明舆论如何抬头，我们也看不见广大的美国人民的那种新的力量在日渐增长。但是，事实的反映，我们可以看出。

第一，现在司徒雷登出任美驻华大使，司徒雷登是中国人民的朋友，是教育家，他生长在中国，受的美国教育。他住在中国的时间比住在美国的时间长，他就如一个中国的留美生一样。从前在北平时，也常见面，他是一位和蔼可亲的学者，是真正知道中国人民的要求的。这不是说司徒雷登有三头六臂，能替中国人民解决一切，而是说美国人民的舆论抬头，美国才有这转变。

其次，国民党当局干得太不像样了，在四国外长会议上，才不要中国做二十一国和平会议的召集人。这就是做点脸色给你看看，这也就说明美国的支持是有限度的。人民的忍耐和国际的忍耐也是有限度的。

李先生的血，不会白流的。李先生赔上了这条性命，我们要换来一个代价。"一二·一"四烈士倒下了，年青的战士们的血，换来了政治协商会议的召开。现在李先生倒下了，他的血要换取政协会议的重开！我们有这个信心！

"一二·一"是昆明的光荣，是云南人民的光荣。云南有光荣的历史，远的如护国——这不用说了；近的如"一二·一"，都是属于云南人民的。我们要发扬云南光荣的历史！

国民党当局挑拨离间，卑鄙无耻，你们看见联大走了，学生放暑假了,便以为我们没有力量了吗?特务们!你们错了!你们看看今天到会的一千多青年,又握起手来了,我们昆明的青年绝不会让你们这样蛮干下去的!

反动派,你看见一个倒下去,可也看得见千百个继起的!正义是杀不完的,因为真理永远存在!

历史赋予昆明的任务是争取民主和平,我们昆明的青年必须完成这任务!

最后,闻一多发出刚强的誓言:

我们不怕死,我们有牺牲的精神,我们随时像李先生一样,前脚跨出大门,后脚就不准备再跨进大门!

这篇讲演正气凛然、掷地有声,赢得了长时间的热烈掌声。闻一多横眉怒对国民党当局的猖狂反扑,拍案而起,已然将生死置之度外;他的怒吼既是投向敌人的长枪,也是激励人民的战鼓。

当他走出至公堂时,一群特务在门外怒目相视,他却若无其事地仰头哈哈大笑而去。

我以我血荐轩辕

山雨欲来风满楼,特务们伸出了他们罪恶的黑手,他们已经安排好了最后的"行动计划"。当闻一多参加"李公朴先生死难经过报告会"时,崔镇三就安排城防司令部谍报队组长蔡云祈率组员尚福海、黄其祥潜入云大监视,安排稽查处行动组秦永和率崔保山、仲刚在云大附近望风,安排行动组李明山、刘锡麟在西仓坡附近潜伏,其他人则被安排相机行事。

闻一多舍生取义

散会了，杨希孟和一群学生簇拥着闻一多，离开至公堂。在主楼前的台阶高处，闻一多望向远方，深深吐出一口气。他心里还在想着下午的记者招待会。

学生们一路护送，12时左右，闻一多回到家里，高孝贞见他平安归来，悬在嗓子眼的心总算落了下来。闻一多明白夫人的焦虑和不安，轻声说道："我回来了。没事，别怕。"全家吃过午饭后，闻一多对儿子闻立鹤说："今天下午要开记者招待会，我休息一下，到一点半叫我。"

闻一多睡下后，立鹤很不放心，一个人跑到周刊社看了好几次，又到附近的文林街、钱局街等处看了看。不到一点半闻一多就醒了，刚好楚图南来看他，他们聊了一会，就一起去民主周刊社。长子闻立鹤不放心，一直护送他到社门口，闻一多明白儿子的担忧，只好让儿子4时或5时来接。

闻立鹤回到家中，哪里静得下来。坐下，又站起来，站起来，又坐下；从不吸烟的他这天却一根接一根吸个不停，屋子里、院子里不知来回走了多少遍！本来同暂住家里的庄任秋①约好，到时候一同去接父亲；但是，刚刚三点半他就熬不住了，独自急速前往民主周刊社。里面招待会还没有结束，街上三三两两的行人中，总有些神色异样、贼眉鼠眼的家伙，一看就是特务。闻立鹤在门口转来转去，焦急地等着。

下午的记者招待会是云南民盟支部为李公朴先生被害召开的。会上，楚图南、闻一多、杜迈之、赵沨等人再次向新闻界表明民主的愿望和信心，讲述了李公朴遇害的全过程，揭露国民党当局杀害李公朴的阴谋罪行；呼吁新闻界主持公道，把李公朴被刺的真相公布于世。会场中混进了一些冒充记者的特务，他们故意提出一些挑衅性的问题，闻一多和楚图南等感到气氛不对，下午近5时，便宣布结束了招

---

① 庄任秋，闻立雕的好友、同学，因与父母在泰国失去联系，闻一多准备把他带到北平念书。闻一多牺牲后，庄任秋不愿再拖累闻家，选择留在昆明，后考入国立昆明师范学院并加入中国共产党。新中国成立后参加滇中文工团，在玉溪被土匪杀害，成为革命烈士。

待会。

　　为了安全起见，散会后，闻一多和楚图南约定分头离开。闻一多让楚图南先走。楚图南出了门，很快闪身进了一家理发店，再从后门悄悄离开。等在门口的闻立鹤看见楚图南先走了出来，心里放松了不少，心想："这一天可以平安度过了。"

　　闻一多略等了几分钟，才走出民主周刊社，下午5点多，闻一多与闻立鹤朝着家的方向走去。民主周刊社在府甬道上，离闻家200米左右，出了这条路拐个弯向西就是西仓坡。

　　闻一多让儿子买了一份《复兴晚报》，想看看报上是怎么报道李公朴被刺的；两人边走边看，不一会儿已经到了西仓坡，前方便是宿舍大门。父子俩不慌不忙地走着，再有十几步就到家了。

　　突然，枪声大作。潜伏的、跟踪的特务一齐开枪，子弹像雨点一样朝着闻一多射来。他后脑、胸部、手腕连中十余弹，他下意识地举起右手抱着头，身子一软就倒了下去；鲜血从身体喷涌而出，染红了土地。

闻一多殉难处

闻立鹤一面大声呼救，一面本能地扑向父亲，想用身体挡住射向父亲的子弹，他拼尽全力喊："凶手杀人了，救人啊！"子弹无情地打在他的身上，腿被打断，肺部被打穿，一颗子弹离心脏仅半寸。

闻立鹤从父亲身上滚了下来，看到父亲浑身枪眼、血流不止、面色苍白，嘴唇微微翕动，手杖、鞋子、眼镜都被打落。

闻立鹤想爬向父亲，却无法动弹。几个特务走上前踢了父子俩几脚，其中一个恶狠狠地对闻立鹤说："我不打死你，留着你报仇！"说完便登上吉普车扬长而去。

枪响的时候，高孝贞和两个女儿，还有赵妈，就意识到事情不妙。高孝贞猛地一惊，赶紧向大门口跑去，门房面无人色地迎面跑来，说了声："好像是我们院子里的人。"高孝贞心里仿佛全明白了，她的两条腿像棉花一样，支撑不住，使尽全身的力量，才跌跌撞撞地冲向大门。女儿闻铭、闻翮、赵妈和庄任秋也跟在后面跑了出去。

大门外，高孝贞一眼就看见闻一多父子横一个、竖一个倒在血泊中。她跑过去抱住闻一多，鲜血一股一股地不断往外涌，一下子染红了她的衣服。丈夫双目紧闭，嘴唇微微张了一下。她拼命地呼喊丈夫的名字，只见丈夫面色已经逐渐发黑，嘴唇也渐渐变乌了。她又朝立鹤那边看去，儿子满身是血，瞪大的眼睛充满了仇恨。她眼前一黑，晕了过去。两个年幼的女儿不知所措，只知道哭喊。赵妈也一声声哀哭地喊着："先生啊！大弟啊！"她们的哭声惊醒了高孝贞。

高孝贞醒来，想到的第一件事就是送医院。她不知道是谁从门里扔出一张行军床，好不容易拉来一个挑夫，赵妈和闻铭跟着赶紧把闻一多送往云大医院。庄任秋也喊来一个车夫，和联大附中的洪川诚老师一起，把闻立鹤抬上车急忙往医院拉去。年仅九岁的闻翮挽着妈妈，跟跟跄跄往医院跑去。

闻铭跟在挑夫的身后，一路上她不停地央求挑夫："快点走吧，快点走吧！"尽管在西仓坡时她就看见父亲乌黑的脸和嘴唇，但她心

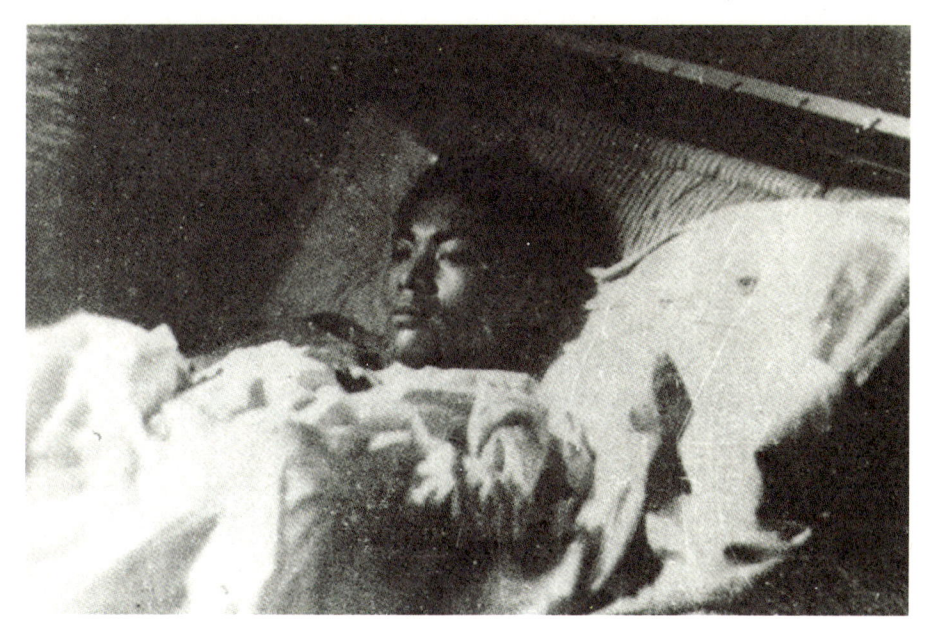

重伤卧床的闻立鹤

里默默地祈祷着:"爸啊!你不能死,你不能死啊!"

庄任秋一路上紧紧陪着好友闻立鹤和他的家人,帮忙拉车,后来他回忆说:"在去云大医院路上……我时时注意老大①的气色,他开始讲……'我也可以说是为民主死的罢'……'我可以做我爸的儿子的'……'你要帮我母亲的忙'……"

当满身是血的闻一多被送到云大医院门口时,刚好碰见几个出来的青年学生。他们得知行军床上躺着的是闻一多时,赶紧帮着把他送进急诊室,他们把所有的希望全部寄托在医生身上。

医生翻了一下闻一多的眼皮,遗憾地摇了摇头,说:"不行了。"她们全部呆站在那里。

47岁的闻一多永远地闭上了双眼,一个热爱人民、热爱祖国的诗人,一个为民主而呐喊不停、斗争不止的斗士,就这样倒在祖国的大地上。

---

① 指闻立鹤。

闻一多舍生取义

斗 士 永 生

闻一多遇害的消息传来，人们十分震惊。一城之内，五日之间，李公朴、闻一多两位民主斗士惨遭杀害，国民党当局的罪行，激起了全国人民的极大愤慨，再次掀起了国统区"反独裁、反专制、反内战"斗争的高潮。

清华大学校长梅贻琦在其日记中写道："夕五点余，潘太太忽跑入告一多被枪杀，其子重伤消息。惊愕不知所谓，盖日来情形极不佳，此类事可能继李后再出现。而一多近来之行动又最有招致之可能，但一旦果竟实现，而察其当时之情形，以多人围击，必欲置之于死，此何等仇恨，何等阴谋，殊使人痛惜而更为来日惧而。"

梅贻琦随即派人到闻家照料，并请查良钊赴警备司令部，要其注意其他同人安全。同时，又急电教育部，告知："在西仓坡宿舍门外，本校教授闻一多为暴徒枪击立毙，其子重伤。同人极度恐慌，谨

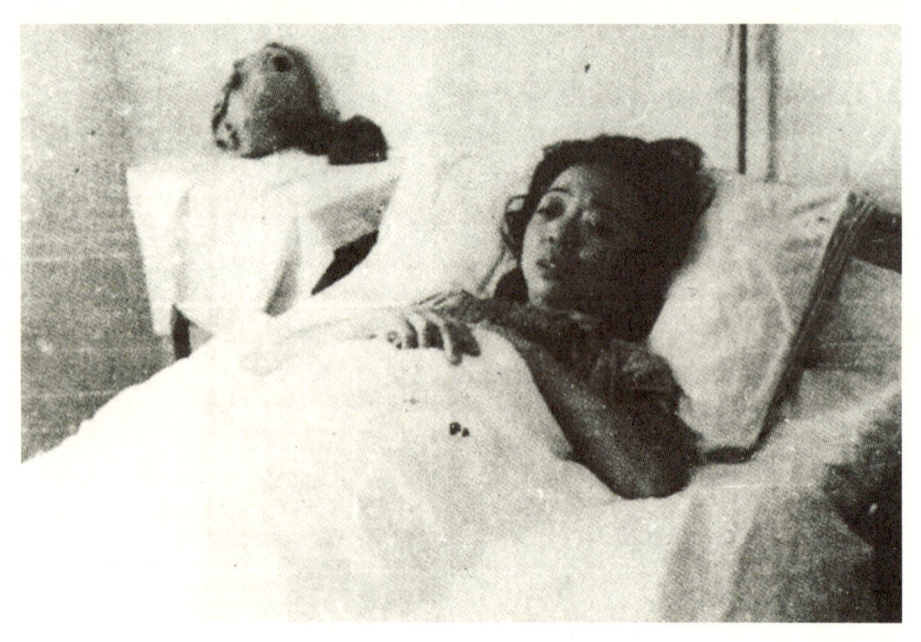

悲痛欲绝、心脏病猝发的高孝贞

160

先电唁。"此外，他亲自前往云大医院探望身负重伤的闻立鹤和心脏病复发的高孝贞。

西南联大聘黄钰生、贺麟、雷海宗、沈履、查良钊等五人组成"闻一多教授丧葬抚恤委员会"，讨论高孝贞所提举行火葬及在新校舍"一二·一"烈士墓前修建衣冠冢与石碑等意见。

中国共产党人对国统区反动特务暗杀民主人士的卑劣行径表示极大愤慨。继13日电唁李公朴牺牲后，17日，毛泽东、朱德又给闻一多夫人高孝贞发来唁电："惊悉一多先生遇害，至深哀悼，先生为民主而奋斗，不屈不挠，可敬可佩。今遭奸人毒手，全国志士，必将继先生遗志，再接再厉，务使民主事业克底于成，特此电唁。"

同日，在南京参加国共和谈的中共代表团周恩来、董必武、邓颖

闻一多生前特别热爱青年，愿意和青年在一起。有鉴于此，闻夫人高孝贞虽坚持将闻一多骨灰带回北平，但一定要在"一二·一"四烈士墓地建一个衣冠冢，让他在黄泉下也和青年在一起

闻一多舍生取义

毛泽东、朱德致李、闻两先生家属唁电，刊载于1946年7月19日《解放日报》、1946年7月21日《新华日报》

超、李维汉、廖承志联名发来唁电，批判"此种空前残酷、惨痛、丑恶、卑鄙之暗杀行为，实打破了中外政治黑暗历史之纪录，中国法西斯统治的狰狞面目，至此已暴露无余"，表示"中国人民将踏着李公朴、闻一多诸烈士的血迹前行，为李、闻诸烈士复仇，消灭中国法西斯统治，实现中国之独立、和平与民主，以慰李、闻诸烈士在天之灵"。

对于两名同志相继遇害，中国民主同盟表达了前所未有的愤怒。民盟云南省支部发表《中国民主同盟云南省支部为闻一多同志复遭特务暗杀的紧急申明》，严正指出杀害先生"实乃法西斯国民党当局决心放弃以和平民主方式解决当前国是问题"，"以配合正在展开的全面内战，公开向全国人民进行全面进攻的具体表现"。这份《申明》又先后在《高原周刊》和《民主周刊》上刊出，再次向地方反动当局提出严重抗议。

18日，民盟中央主席张澜电责蒋介石，痛心疾首地说："民主同盟自抗战胜利之后，提出民主统一、和平建国之主张，始终只为此努力。政协决议原符斯旨，全国之人，方引之以为庆幸，不料较场口事件以后，情势日非，人心转趋忧虑，主席保障人权之四项诺言，不独未见实现，今且变本加厉，相反而行，即单以民主同盟言，西安李敷仁、王任被诬杀不及百日，昆明李、闻两君又被暗害，倡导民主、主张和平有何罪戾？乃必欲置之死地而后快于心，不将使天下之人，以为政府之志，必在不民主不和平，此岂为国人所望于政府者耶？"

同时，张澜发来唁电："获悉之后，愤慨万端，莫可名言。当权者对付民主人士，其卑劣残酷，至于此极，殊甚痛恨！除已专电南京民盟总部向政府提出严重抗议外，并已专函蒋主席切致责问，同人等对此事件，万难再忍……"

全国各民主党派、群众团体、进步人士以及师生朋友发来成百上千的唁电、慰问信，无数的声援、呼吁、通电，同时也向国民党政府提出抗议。美国哈佛大学、哥伦比亚大学和纽约大学的一些教授，分别致信杜鲁门总统和国会，称李、闻之死"刺痛了中美两国思想自由的公民良心"，要求"在中国尚未成立民主之联合政府之前，美国必须停止其对华之一切军事及财政援助"。

各种追悼会、公祭大会接连召开。7月28日上午9时，陪都各界追悼李公朴、闻一多两位烈士大会在陪都青年馆举行。教职员、工人、各机关公务人员、文艺工作者、家庭及职业妇女、律师、医生、实业家、商店店员、失业及在职军人共6000余人参加。各界送来的函电、挽联、花圈共计1200余件。

10月4日，上海各界人士举行李公朴、闻一多两烈士公祭大会。邓颖超宣读周恩来亲自撰写的悼词："今天在此悼念李公朴、闻一多两先生，时局极端险恶，人心异常悲愤。但此时此地，有何话可说？我谨以最虔诚的信念向殉道者默誓：心不死，志不绝，和平有期，民主有望，杀人者终必覆灭。"

在社会各界的严正抗议和惩凶要求下，李、闻惨案的幕后主凶霍

闻一多舍生取义

揆彰被革职查办、"严加管束"，行凶特务汤世良、李明山被枪毙，那些暂时逃脱的特务终究也没有好下场。新中国成立后，参与暗杀李、闻的特务们都相继落网，受到人民的审判，被执行枪决。

闻一多的好友朱自清、罗隆基、吴晗得知噩耗，悲痛欲绝，流下了伤心的泪。朱自清挥笔写下《挽一多先生》：

你是一团火，
照彻了深渊；
指示着青年，
失望中抓住自我。

痛悼李公朴和闻一多

> 你是一团火，
> 　照明了古代；
> 　歌舞和竞赛，
> 　有力猛如虎。
> 你是一团火，
> 　照见了魔鬼；
> 　烧毁了自己！
> 遗烬里爆出个新中国！

吴晗听闻好友被暗杀的消息，"目瞪口呆，欲哭无泪，昏沉了大半天，才能哭出声来"。他挥笔疾书，一口气写下9篇悼念文章。

闻一多虽然离开了，但人们并没有忘记他。

许多青年受闻一多的影响，积极投身革命、建设工作，有的甚至牺牲了宝贵的生命。

现代作家、文艺评论家闻山，原名沈季平，1927年1月生，广东高州人。1943年考入西南联大外文系，在校期间参加发起新诗社、阳光美术社，以闻一多为导师。其创作的新诗《山，滚动了！》受到闻一多赞扬，闻一多曾在新诗社集会上亲自朗诵这首诗，并将该诗选入《现代诗钞》。1944年冬，沈季平与西南联大200多名同学参加中国青年远征军，投身印缅抗日战场。日本投降后回校复学，复员北上途中惊闻老师被刺消息，为继承闻一多遗志改名闻山。

小说《红岩》中刘思扬的原型——烈士刘国鋕，1921年生于四川泸州，生前爱好文学。在联大学习时经常去旁听闻一多的课，对闻一多的学问和斗争精神极为钦佩。1944年从西南联大经济系毕业，任地下党重庆市委副书记兼沙磁区特支书记。闻一多殉难后，他在重庆以联大校友会名义奔走呼吁，揭露国民党法西斯暴行，在家里为闻先生家属举行记者招待会，并撰写悼念文章。1948年春，因《挺进报》事件，被叛徒出卖而被捕，关进中美合作所白公馆，1949年新中国成立

前夕，英勇就义，时年29岁。

1946年7月，清华师生为纪念闻一多，将校园内一座小山上的六角古亭命名为"闻亭"。亭内匾额由闻一多辛酉级同学捐资而成，"闻亭"二字由潘光旦所书。同年11月，清华大学校长梅贻琦聘请朱自清、雷海宗、潘光旦、吴晗、浦江清、许维遹、余冠英等七人组成"整理闻一多先生遗著委员会"，由朱自清担任召集人，编成《闻一多全集》，于1948年8月由上海开明书店出版。

在青岛、武汉、北京、昆明、浠水、济南、上海、蒙自等闻一多曾经学习、工作、生活、战斗过的地方，先后落成了许多闻一多雕像，以此纪念这位杰出的诗人、学者、民主斗士、人民英烈。

正如吴晗在《哭一多》最后写道的："你是不会死的，你是永远不会死的！"

在清华大学闻一多殉难周年纪念会上，吴晗发表缅怀演说

【小贴士】

小说《红岩》

《红岩》主要描写重庆解放前夕,革命者为迎接全中国解放,挫败敌人的垂死挣扎,与国民党展开残酷的地下斗争,特别是狱中的斗争。小说成功地塑造了许云峰、成岗、江姐和华子良等英雄形象。该书作者为罗广斌、杨益言。罗广斌,重庆忠县人,20世纪40年代参加地下工作并加入中国共产党;解放前夕被捕,关在白公馆秘密监狱。杨益言,原籍四川省武胜县,生于重庆;1948年8月被捕,囚禁在中美合作所渣滓洞集中营。他们目睹了许多革命者顽强不屈的斗争和壮烈牺牲的场面,饱含着对敌人的刻骨仇恨和对先烈的景仰之情,创作了一系列纪实文学作品。

立于西南联大旧址民主草坪上的闻一多雕像

结语：红烛光辉

红烛啊！
你心火发光之期，
正是泪流开始之日。

红烛啊！
匠人造了你，
原是为烧的。
既已烧着，
又何苦伤心流泪？

哦！我知道了！
是残风来侵你的光芒，
你烧得不稳时，
才着急得流泪！

红烛啊！
流罢！你怎能不流呢？
请将你的脂膏，
不息地流向人间，
培出慰藉的花儿，

结成快乐的果子!

红烛啊!
你流一滴泪,灰一分心。
灰心流泪你的果,
创造光明你的因。

红烛啊!
"莫问收获,但问耕耘。"

  这是闻一多第一本诗集《红烛》序诗的节选,真切地描写了青年闻一多火热的爱国之情,这也是闻一多始终不渝对祖国的忠贞,热爱人民而不惜殒身的写照。

  闻一多集诗人、学者、民主斗士三重身份于一身,在其短暂的47年生命中,"创作新诗、研究古籍、评析艺文、奠定诗论,乃至涉足绘画、戏剧、舞蹈、篆刻等艺术门类,其视野之广、领域之宽,真有集纳百川之气魄,融合万汇之才华,在同时代的文人、学者中,堪称佼佼者"[①]。

  正因如此,闻一多也成为研究的热门对象,学习宣传探讨闻一多的爱国主义思想、诗歌创作及文学理论、学术研究等研究活动持续不断。据不完全统计,改革开放以来,与闻一多相关的研究图书达200余部,研究论文数以千计。1985年成立全国性学术团体——中国闻一多研究会,自20世纪80年代以来,学术界先后举办了国内、国际不同层次和规模的闻一多研究学术研讨会。

  2009年由中央十一部委联合组织开展的"100位为新中国成立作出突出贡献的英雄模范人物和100位新中国成立以来感动中国人物"的评选活动,闻一多被评选为"正义长存的民主斗士"。

[①] 俞兆平:《闻一多美学思想论稿》,上海文艺出版社1988年版,第1页。

人民不会忘记闻一多！祖国不会忘记闻一多！历史不会忘记闻一多！

闻一多倒在血泊中，让一大批知识分子看清了国民党的狰狞面目，他们抛弃幻想，积极响应共产党的号召，控诉国民党滔滔罪行，投身反内战、争民主的斗争洪流之中。从此而后，他们把自己的命运同国家民族的命运紧密相连，把自己的所学所长用之于新中国的社会主义建设和改革开放事业。

1944年闻一多加入民盟之后，他的好友罗隆基曾经说过一句话："一多是善变的，变得快也变得猛，现在是第三变了，将来第四变不知道会是什么样子？"而当时的闻一多也评价："自己摸索了几十年才成形，自己是变定了。"由一个鼓吹"痛饮酒熟读离骚方得为真名士"，被严酷生活"逼上梁山"后的诗人学者变为民主斗士，从"艺术的忠臣"向"人民的忠臣"的彻底转变。

对闻一多有深刻理解的吴晗说："他一生在追求美，不止形式上的美，而是精神上的美、真和善。他痛恨虚伪，勇于接受批评，有真性情、有血气、有骨骼，敢写、敢说，不做好不放手。早年搞新诗是为了美，中年弄文学也是为了美，晚年努力于民主运动也是为了美。追求的方式是有变化的，目标却从来没有变。"

是的！尽管闻一多的道路千回百转，但当他坚定信念时，他就变得勇往直前。当他站稳人民立场后，他就变得义无反顾。为实现自己一生不变的爱国情，他用生命和鲜血谱写了一首壮丽不朽的诗篇，雕刻了最好的英雄形象，实现了为新民主主义奋斗的诺言。

闻一多曾说："诗人主要的天赋是爱，爱他的祖国，爱他的人民。"他是这样说的，也是这样做的。上海举行鲁迅先生逝世十周年纪念会，周恩来出席大会时说："鲁迅、闻一多都是最踏实、最努力的牛，我们要学习他们的榜样！在人民面前宣誓：做人民的奴隶，受人民的指挥，做一条牛。"

1949年，新中国成立前夕，毛泽东在《别了，司徒雷登》中写道:"我们中国人是有骨气的。许多曾经是自由主义者或民主个人主义者的人们,在美国帝国主义及其走狗国民党面前站起来了。闻一多拍案而起,横眉怒对国民党的手枪,宁可倒下去,不愿屈服。朱自清一身重病,宁可饿死,不领美国的'救济粮'。我们应当写闻一多颂,写朱自清颂,他们表现了我们民族的英雄气概。"

闻一多是中华民族的优秀代表,是中国知识分子的骄傲和榜样。闻一多走过的道路,代表了千万个爱国知识分子的道路。

我们深切缅怀他的光辉业绩,学习、研究、弘扬他初心不改、爱国为民的高尚情怀,威武不屈、舍生取义的铮铮铁骨,坚持正义、追求民主的浩然正气,刻苦钻研、精益求精的治学态度,淡泊名利、安之若素的生活情操。

正如郭沫若所说:"你是一粒健全的种子,随着中国的天亮,随着太阳光的照射,普天四海而且万年永劫,将有无数无数活的闻一多。由一而多,你的名字和你自己一样便代表了真理。"

闻一多身上表现出的爱国情怀和献身精神,必将在新时代继续激励着中国知识分子,以他为标尺和榜样,坚守正道、追求真理;把自身的前途命运同国家和民族的前途命运紧紧联系起来,为实现"两个一百年"奋斗目标、实现中华民族伟大复兴的中国梦贡献智慧和力量。

这,就是对他最好的纪念!

参 考 文 献

[1] 西南联大《除夕副刊》. 联大八年[M]. 昆明：西南联大学生出版社，1946.

[2] 勉之. 闻一多[M]. 北京：生活·读书·新知上海联合发行所，1949.

[3] 王康. 闻一多传[M]. 武汉：湖北人民出版社，1979.

[4] 王子光，王康. 闻一多纪念文集[M]. 北京：生活·读书·新知三联书店，1980.

[5] 刘烜. 闻一多评传[M]. 北京：北京大学出版社，1983.

[6] 闻铭，王克私. 闻一多书信选集[M]. 北京：人民文学出版社，1986.

[7] 闻立鹏，张同霞. 闻一多[M]. 北京：人民美术出版社，1999.

[8] 余嘉华，熊朝隽. 闻一多研究文集[M]. 昆明：云南教育出版社，1990.

[9] 黄海源. 闻一多最后的吼声[M]. 昆明：云南教育出版社，2012.

[10] 闻黎明. 闻一多传（增订本）[M]. 北京：人民出版社，2016.

[11] 闻一多. 闻一多全集·文艺评论 散文杂文[M]. 武汉：湖北人民出版社，2004.

[12] 刘志权. 闻一多传[M]. 北京：团结出版社，1999.

[13] 闻黎明. 闻一多画传[M]. 郑州：河南人民出版社，2005.

[14] 季镇淮. 闻朱年谱[M]. 北京：清华大学出版社，1986.

[15] 闻一多. 闻一多书信集[M]. 北京：群言出版社，2014.

[16] 闻一多. 神话与诗[M]. 南昌：江西教育出版社，2018.

[17] 赵慧. 回忆纪念闻一多[M]. 武汉：武汉出版社，1999.

[18] 闻黎明，侯菊坤编. 闻一多年谱长编（增订版）[M]. 上海：上海交通大学出版社，2014.

[19] 俞兆平. 闻一多美学思想论稿[M]. 上海：上海文艺出版社，1988.

[20] 政协云南省委员会文史资料研究委员会. 云南文史资料选辑（第34辑）[M]. 昆明：云南人民出版社，1988.

[21] 马学良. 素园集[M]. 北京：中国民间文艺出版社，1989.

[22] 张寄谦. 中国教育史上的一次创举：西南联合大学湘黔滇旅行团纪实[M]. 北京：北京大学出版社，1999.

[23] 西南联大研究所. 西南联大研究（第1辑）[M]. 北京：中国大百科全书出版社，2004.

[24] 西南联合大学北京校友会. 国立西南联合大学校史：一九三七至一九四六年的北大、清华、南开[M]. 北京：北京大学出版社，2006.

[25] 李娇，郭雅静，王婷婷. 100位为新中国成立作出突出贡献的英雄模范人物：闻一多[M]. 长春：吉林文史出版社，2011.

[26] 中共中央统战部，重庆市委统战部. 重庆与中国统一战线[M]. 北京：华文出版社，2011.

[27] 中共湖北省委党史研究室. 中共中央南方局与《新华日报》[M]. 北京：中共党史出版社，2017.

[28] 于化庭. 中国共产党的抗战历程[M]. 济南：济南出版社，2019.

[29] 徐旭平. 楚图南佚文集[M]. 北京：群言出版社，2019.

[30] 龙美光. 五色交辉聚人杰：西南联大人物风采录[M]. 昆明：

云南人民出版社，2018.

[31] 吴宝璋. 西南联大二十五讲[M]. 昆明：云南人民出版社，2016.

[32] 夏晓虹. 季镇淮先生纪念集[M]. 北京：北京大学出版社，1999.

[33] 徐强. 汪曾祺全集[M]. 北京：人民文学出版社，2019.

[34] 马识途. 马识途文集[M]. 成都：四川文艺出版社，2005.

[35] 王宏志. 怀念吴晗：百年诞辰纪念[M]. 北京：中国社会科学出版社，2009.

[36] 中共云南省党史资料征集委员会，中共云南师范大学委员会. 一二·一运动[M]. 北京：中共党史出版社，1988.

[37] 闻立雕. 红烛：我的父亲闻一多[M]. 北京：新华出版社，2009.

[38] 闻一多. 现代大师经典系列：闻一多作品集[M]. 北京：现代出版社，2018.

[39] 季镇淮主编. 闻一多研究四十年[M]. 北京：清华大学出版社，1988.

[40] 云南省地方志编纂委员会总纂，云南省公安厅编撰. 云南省志·公安志[M]. 昆明：云南人民出版社，1996.

后　　记

《闻一多舍生取义》是中共云南省委宣传部编"中国革命传统故事云南干部教育读本"丛书之一，是在中共云南师范大学党委和行政领导下，由校党委宣传部牵头，西南联大博物馆（西南联大研究所）组织编写而成的。

本书在拟订提纲、文献查找利用时，得到了闻一多先生嫡长孙、中国社会科学院近代史研究所研究员、云南师范大学特聘教授闻黎明先生的悉心指导和大力支持。云南人民出版社从选题、版式、审稿、出版全流程给予专业指导，提出了宝贵的意见建议。在此，一并致谢！

由于学识有限，书中难免有疏漏和不足处，敬请专家和读者批评指正。

本书编写组
2020年10月